心一堂術數古籍珍本叢刊

書名：《天元五歌闡義》附《元空秘旨》(清刻原本)
系列：心一堂術數古籍珍本叢刊　堪輿類　無常派玄空珍秘　第二輯　198
作者：【清】蔣大鴻原著、【清】章仲山增補、闡義
主編、責任編輯：陳劍聰
心一堂術數古籍珍本叢刊編校小組：陳劍聰　素聞　梁松盛　鄒偉才　虛白盧主

出版：心一堂有限公司
通訊地址：香港九龍旺角彌敦道六一〇號荷李活商業中心十八樓〇五－〇六室
深港讀者服務中心・中國深圳市羅湖區立新路六號羅湖商業大厦負一層〇〇八室
電話號碼：(852)67150840
網址：publish.sunyata.cc
電郵：sunyatabook@gmail.com
網店：http://book.sunyata.cc
淘寶店地址：https://shop210782774.taobao.com
微店地址：https://weidian.com/s/1212826297
臉書：https://www.facebook.com/sunyatabook
讀者論壇：http://bbs.sunyata.cc/

版次：二零一七年九月初版
平裝

定價：港幣　一百八十八元正
　　　新台幣　六百九十八元正

國際書號：ISBN 978-988-8317-79-0

香港發行：香港聯合書刊物流有限公司
地址：香港新界大埔汀麗路36號中華商務印刷大廈3樓
電話號碼：(852)2150-2100
傳真號碼：(852)2407-3062
電郵：info@suplogistics.com.hk

台灣發行：秀威資訊科技股份有限公司
地址：台灣台北市內湖區瑞光路七十六巷六十五號一樓
電話號碼：+886-2-2796-3638
傳真號碼：+886-2-2796-1377
網絡書店：www.bodbooks.com.tw
台灣國家書店讀者服務中心：
地址：台灣台北市中山區松江路二〇九號一樓
電話號碼：+886-2-2518-0207
傳真號碼：+886-2-2518-0778
網絡書店：http://www.govbooks.com.tw

中國大陸發行　零售：深圳心一堂文化傳播有限公司
深圳地址：深圳市羅湖區立新路六號羅湖商業大厦負一層〇〇八室
電話號碼：(86)0755-82224934

心一堂微店二維碼

心一堂淘寶店二維碼

心一堂術數古籍 珍本整理 叢刊 總序

術數定義

術數，大概可謂以「推算（推演）、預測人（個人、群體、國家等）、事、物、自然現象、時間、空間方位等規律及氣數，並或通過種種『方術』，從而達致趨吉避凶或某種特定目的」之知識體系和方法。

術數類別

我國術數的內容類別，歷代不盡相同，例如《漢書・藝文志》中載，漢代術數有六類：天文、曆譜、五行、蓍龜、雜占、形法。至清代《四庫全書》，術數類則有：數學、占候、相宅相墓、占卜、命書、相書、陰陽五行、雜技術等，其他如《後漢書・方術部》、《藝文類聚・方術部》、《太平御覽・方術部》等，對於術數的分類，皆有差異。古代多把天文、曆譜、及部分數學均歸入術數類，而民間流行亦視傳統醫學作為術數的一環；此外，有些術數與宗教中的方術亦往往難以分開。現代民間則常將各種術數歸納為五大類別：命、卜、相、醫、山，通稱「五術」。

本叢刊在《四庫全書》的分類基礎上，將術數分為九大類別：占筮、星命、相術、堪輿、選擇、三式、讖諱、理數（陰陽五行）、雜術（其他）。而未收天文、曆譜、算術、宗教方術、醫學。

術數思想與發展——從術到學，乃至合道

我國術數是由上古的占星、卜筮、形法等術發展下來的。其中卜筮之術，是歷經夏商周三代而通過「龜卜、蓍筮」得出卜（筮）辭的一種預測（吉凶成敗）術，之後歸納並結集成書，此即現傳之《易

經》。經過春秋戰國至秦漢之際，受到當時諸子百家的影響、儒家的推崇，遂有《易傳》等的出現，原本是卜筮術書的《易經》，被提升及解讀成有包涵「天地之道（理）」之學。因此，《易・繫辭傳》曰：「易與天地準，故能彌綸天地之道。」

漢代以後，易學中的陰陽學說，與五行、九宮、干支、氣運、災變、律曆、卦氣、讖緯、天人感應說等相結合，形成易學中象數系統。而其他原與《易經》本來沒有關係的術數，如占星、形法、選擇，亦漸漸以易理（象數學說）為依歸。《四庫全書・易類小序》云：「術數之興，多在秦漢以後。要其旨，不出乎陰陽五行，生尅制化。實皆《易》之支派，傅以雜說耳。」至此，術數可謂已由「術」發展成「學」。

及至宋代，術數理論與理學中的河圖洛書、太極圖、邵雍先天之學及皇極經世等學說給合，通過術數以演繹理學中「天地中有一太極，萬物中各有一太極」（《朱子語類》）的思想。術數理論不單已發展至十分成熟，而且也從其學理中衍生一些新的方法或理論，如《梅花易數》、《河洛理數》等。

在傳統上，術數功能往往不止於僅僅作為趨吉避凶的方術，及「能彌綸天地之道」的學問，亦有其「修心養性」的功能，「與道合一」（修道）的內涵。《素問・上古天真論》：「上古之人，其知道者，法於陰陽，和於術數。」數之意義，不單是外在的算數、歷數、氣數，而是與理學中同等的「道」、「理」--心性的功能，北宋理氣家邵雍對此多有發揮：「聖人之心，是亦數也」、「萬化萬事生乎心」、「心為太極」。《觀物外篇》：「先天之學，心法也。……蓋天地萬物之理，盡在其中矣，心一而不分，則能應萬物。」反過來說，宋代的術數理論，受到當時理學、佛道及宋易影響，認為心性本質上是等同天地之太極。天地萬物氣數規律，能通過內觀自心而有所感知，即是內心也已具備有術數的推演及預測、感知能力；相傳是邵雍所創之《梅花易數》，便是在這樣的背景下誕生。

《易・文言傳》已有「積善之家，必有餘慶；積不善之家，必有餘殃」之說，至漢代流行的災變說及讖緯說，我國數千年來都認為天災，異常天象（自然現象），皆與一國或一地的施政者失德有關；下至家族、個人之盛衰，也都與一族一人之德行修養有關。因此，我國術數中除了吉凶盛衰理數之外，人心的德行修養，也是趨吉避凶的一個關鍵因素。

術數與宗教、修道

在這種思想之下，我國術數不單只是附屬於巫術或宗教行為的方術，又往往是一種宗教的修煉手段--通過術數，以知陰陽，乃至合陰陽（道）。「其知道者，法於陰陽，和於術數。」例如，「奇門遁甲」術中，即分為「術奇門」與「法奇門」兩大類。「法奇門」中有大量道教中符籙、手印、存想、內煉的內容，是道教內丹外法的一種重要外法修煉體系。甚至在雷法一系的修煉上，亦大量應用了術數內容。此外，相術、堪輿術中也有修煉望氣（氣的形狀、顏色）的方法；堪輿家除了選擇陰陽宅之吉凶外，也有道教中選擇適合修道環境（法、財、侶、地中的地）的方法，以至通過堪輿術觀察天地山川陰陽之氣，亦成為領悟陰陽金丹大道的一途。

易學體系以外的術數與的少數民族的術數

我國術數中，也有不用或不全用易理作為其理論依據的，如揚雄的《太玄》、司馬光的《潛虛》。也有一些占卜法、雜術不屬於《易經》系統，不過對後世影響較少而已。

外來宗教及少數民族中也有不少雖受漢文化影響（如陰陽、五行、二十八宿等學說。）但仍自成系統的術數，如古代的西夏、突厥、吐魯番等占卜及星占術，藏族中有多種藏傳佛教占卜術、苯教占卜術、擇吉術、推命術、相術等；北方少數民族有薩滿教占卜術；不少少數民族如水族、白族、布朗族、佤族、彝族、苗族等，皆有占雞（卦）草卜、雞蛋卜等術，納西族的占星術、占卜術，彝族畢摩的推命術、占卜術……等等，都是屬於《易經》體系以外的術數。相對上，外國傳入的術數以及其理論，對我國術數影響更大。

曆法、推步術與外來術數的影響

我國的術數與曆法的關係非常緊密。早期的術數中，很多是利用星宿或星宿組合的位置（如某星在某州或某宮某度）付予某種吉凶意義，并據之以推演，例如歲星（木星）、月將（某月太陽所躔之宮次）等。不過，由於不同的古代曆法推步的誤差及歲差的問題，若干年後，其術數所用之星辰的位置，已與真實星辰的位置不一樣了；此如歲星（木星），早期的曆法及術數以十二年為一周期（以應地支），與木星真實周期十一點八六年，每幾十年便錯一宮。後來術家又設一「太歲」的假想星體來解決，是歲星運行的相反，週期亦剛好是十二年。而術數中的神煞，很多即是根據太歲的位置而定。又如六壬術中的「月將」，原是立春節氣後太陽躔娵訾之次而稱作「登明亥將」，至宋代，因歲差的關係，要到雨水節氣後太陽才躔娵訾之次，當時沈括提出了修正，但明清時六壬術中「月將」仍然沿用宋代沈括修正的起法沒有再修正。

由於以真實星象周期的推步術是非常繁複，而且古代星象推步術本身亦有不少誤差，大多數術數除依曆書保留了太陽（節氣）、太陰（月相）的簡單宮次計算外，漸漸形成根據干支、日月等的各自起例，以起出其他具有不同含義的眾多假想星象及神煞系統。唐宋以後，我國絕大部分術數都主要沿用這一系統，也出現了不少完全脫離真實星象的術數，如《子平術》、《紫微斗數》、《鐵版神數》等。後來就連一些利用真實星辰位置的術數，如《七政四餘術》及選擇法中的《天星選擇》，也已與假想星象及神煞混合而使用了。

隨着古代外國曆（推步）、術數的傳入，如唐代傳入的印度曆法及術數，元代傳入的回回曆等，其中我國占星術便吸收了印度占星術中羅睺星、計都星等而形成四餘星，又通過阿拉伯占星術而吸收了其中來自希臘、巴比倫占星術的黃道十二宮、四大（四元素）學說（地、水、火、風），並與我國傳統的二十八宿、五行說、神煞系統並存而形成《七政四餘術》。此外，一些術數中的北斗星名，不用我國傳統的星名：天樞、天璇、天璣、天權、玉衡、開陽、搖光，而是使用來自印度梵文所譯的：貪狼、巨門、祿存、文曲，廉貞、武曲、破軍等，此明顯是受到唐代從印度傳入的曆法及占星術所影響。如星命術中的《紫微斗數》及堪輿術中的《撼龍經》等文獻中，其星皆用印度譯名。及至清初《時憲曆》，置閏之法則改用西法「定氣」。清代以後的術數，又作過不少的調整。

此外，我國相術中的面相術、手相術，唐宋之際受印度相術影響頗大，至民國初年，又通過翻譯歐西、日本的相術書籍而大量吸收歐西相術的內容，形成了現代我國坊間流行的新式相術。

陰陽學——術數在古代、官方管理及外國的影響

術數在古代社會中一直扮演着一個非常重要的角色，影響層面不單只是某一階層、某一職業、某一年齡的人，而是上自帝王，下至普通百姓，從出生到死亡，不論是生活上的小事如洗髮、出行等，大事如建房、入伙、出兵等，從個人、家族以至國家，從天文、氣象、地理到人事、軍事，從民俗、學術到宗教，都離不開術數的應用。我國最晚在唐代開始，已把以上術數之學，稱作陰陽（學），行術數者稱陰陽人。（敦煌文書、斯四三二七唐《師師漫語話》：「以下說陰陽人謾語話」，此說法後來傳入日本，今日本人稱行術數者為「陰陽師」）。一直到了清末，欽天監中負責陰陽術數的官員中，以及民間術數之士，仍名陰陽生。

古代政府的中欽天監（司天監），除了負責天文、曆法、輿地之外，亦精通其他如星占、選擇、堪輿等術數，除在皇室人員及朝庭中應用外，也定期頒行日書、修定術數，使民間對於天文、日曆用事吉凶及使用其他術數時，有所依從。

我國古代政府對官方及民間陰陽學及陰陽官員，從其內容、人員的選拔、培訓、認證、考核、律法監管等，都有制度。至明清兩代，其制度更為完善、嚴格。

宋代官學之中，課程中已有陰陽學及其考試的內容。（宋徽宗崇寧三年〔一一零四年〕崇寧算學令：「諸學生習……並曆算、三式、天文書。」「諸試……三式即射覆及預占三日陰陽風雨。天文即預

定一月或一季分野災祥，並以依經備草合問為通。」

金代司天臺，從民間「草澤人」（即民間習術數人士）考試選拔：「其試之制，以《宣明曆》試推步，及《婚書》、《地理新書》試合婚、安葬，並《易》筮法，六壬課、三命、五星之術。」（《金史》卷五十一·志第三十二·選舉一）

元代為進一步加強官方陰陽學對民間的影響、管理、控制及培育，除沿襲宋代、金代在司天監掌管陰陽學及中央的官學陰陽學課程之外，更在地方上增設陰陽學課程（《元史·選舉志一》：「世祖至元二十八年夏六月始置諸路陰陽學。」）地方上也設陰陽學教授員，培育及管轄地方陰陽人。（《元史·選舉志一》：「（元仁宗）延祐初，令陰陽人依儒醫例，於路、府、州設教授員，凡陰陽人皆管轄之，而上屬於太史焉。」）自此，民間的陰陽術士（陰陽人），被納入官方的管轄之下。

至明清兩代，陰陽學制度更為完善。中央欽天監掌管陰陽學，明代地方縣設陰陽學正術，各州設陰陽學典術，各縣設陰陽學訓術。陰陽人從地方陰陽學肄業或被選拔出來後，再送到欽天監考試。（《大明會典》卷二二三：「凡天下府州縣舉到陰陽人堪任正術等官者，俱從吏部送（欽天監），考中，送回選用；不中者發回原籍為民，原保官吏治罪。」）清代大致沿用明制，凡陰陽術數之流，悉歸中央欽天監及地方陰陽官員管理、培訓、認證。至今尚有「紹興府陰陽印」、「東光縣陰陽學記」等明代銅印，及某某縣某某之清代陰陽執照等傳世。

清代欽天監漏刻科對官員要求甚為嚴格。《大清會典》「國子監」規定：「凡算學之教，設肄業生。滿洲十有二人，蒙古、漢軍各六人，於各旗官學內考取。漢十有二人，於舉人、貢監生童內考取。附學生二十四人，由欽天監選送。教以天文演算法諸書，五年學業有成，舉人引見以欽天監博士用，貢監生童以天文生補用。」學生在官學肄業、貢監生肄業或考得舉人後，經過了五年對天文、算法、陰陽學的學習，其中精通陰陽術數者，會送往漏刻科。而在欽天監供職的官員，《大清會典則例》「欽天監」規定：「本監官生三年考核一次，術業精通者，保題升用。不及者，停其升轉，再加學習。如能黽勉供職，即予開復。仍不及者，降職一等，再令學習三年，能習熟者，准予開復，仍不能者，黜退。」除定期考核以定其升用降職外，《大清律例》中對陰陽術士不準確的推斷（妄言禍福）是要治罪的。《大清律例·一七八·術七·妄言禍福》：「凡陰陽術士，不許於大小文武官員之家妄言禍福，違者杖一百。其依經推算星命卜課，不在禁限。」大小文武官員延請的陰陽術士，自然是以欽天監漏刻科官員或地方陰陽官員為主。

官方陰陽學制度也影響鄰國如朝鮮、日本、越南等地，一直到了民國時期，鄰國仍然沿用着我國的多種術數。而我國的漢族術數，在古代甚至影響遍及西夏、突厥、吐蕃、阿拉伯、印度、東南亞諸國。

術數研究

術數在我國古代社會雖然影響深遠，「是傳統中國理念中的一門科學，從傳統的陰陽、五行、九宮、八卦、河圖、洛書等觀念作大自然的研究。……傳統中國的天文學、數學、煉丹術等，要到上世紀中葉始受世界學者肯定。可是，術數還未受到應得的注意。術數在傳統中國科技史、思想史，文化史、社會史，甚至軍事史都有一定的影響。……更進一步了解術數，我們將更能了解中國歷史的全貌。」（何丙郁《術數、天文與醫學中國科技史的新視野》，香港城市大學中國文化中心。）

可是術數至今一直不受正統學界所重視，加上術家藏秘自珍，又揚言天機不可洩漏，「（術數）乃吾國科學與哲學融貫而成一種學說，數千年來傳衍嬗變，或隱或現，全賴一二有心人為之繼續維繫，賴以不絕，其中確有學術上研究之價值，非徒癡人說夢，荒誕不經之謂也。其所以至今不能在科學中成立一種地位者，實有數因。蓋古代士大夫階級目醫卜星相為九流之學，多恥道之；而發明諸大師又故為惝恍迷離之辭，以待後人探索；間有一二賢者有所發明，亦秘莫如深，既恐洩天地之秘，復恐譏為旁門左道，始終不肯公開研究，成立一有系統說明之書籍，貽之後世。故居今日而欲研究此種學術，實一極困難之事。」（民國徐樂吾《子平真詮評註》，方重審序）

現存的術數古籍，除極少數是唐、宋、元的版本外，絕大多數是明、清兩代的版本。其內容也主要是明、清兩代流行的術數，唐宋或以前的術數及其書籍，大部分均已失傳，只能從史料記載、出土文獻、敦煌遺書中稍窺一鱗半爪。

術數版本

坊間術數古籍版本，大多是晚清書坊之翻刻本及民國書賈之重排本，其中豕亥魚魯，或任意增刪，往往文意全非，以至不能卒讀。現今不論是術數愛好者，還是民俗、史學、社會、文化、版本等學術研究者，要想得一常見術數書籍的善本、原版，已經非常困難，更遑論如稿本、鈔本、孤本等珍稀版本。在文獻不足及缺乏善本的情況下，要想對術數的源流、理法、及其影響，作全面深入的研究，幾不可能。

有見及此，本叢刊編校小組經多年努力及多方協助，在海內外搜羅了二十世紀六十年代以前漢文為主的術數類善本、珍本、鈔本、孤本、稿本、批校本等數百種，精選出其中最佳版本，分別輯入兩個系列：

一、心一堂術數古籍珍本叢刊

二、心一堂術數古籍整理叢刊

前者以最新數碼（數位）技術清理、修復珍本原本的版面，更正明顯的錯訛，部分善本更以原色彩色精印，務求更勝原本。并以每百多種珍本、一百二十冊為一輯，分輯出版，以饗讀者。後者延請、稿約有關專家、學者，以善本、珍本等作底本，參以其他版本，古籍進行審定、校勘、注釋，務求打造一最善版本，方便現代人閱讀、理解、研究等之用。

限於編校小組的水平，版本選擇及考證、文字修正、提要內容等方面，恐有疏漏及舛誤之處，懇請方家不吝指正。

心一堂術數古籍珍本整理叢刊編校小組

二零零九年七月序

二零一四年九月第三次修訂

雲間蔣杜陵先生訂定

天元五歌

錫山章氏增補闡義

可久堂藏板

天元歌原序

昔我師授我以玉函之秘曰天氣生魂地氣生魄陰陽魂魄造化之精英性命之根底於是乎寓焉若祖宗父母葬不得所則二氣薄蝕五行爲災身且不保而何有於延年獲福令授子以玉函之秘山原水國二宅奧樞能窮其旨是卽人世金丹但天道深微傳非其人毫釐千里適足自誤誤人爾於是薰沐敬受而微言妙義不克驟通小憤則昏且失經大疑則寒暑易序比其曉悟星歲十週又復遍考遺踪驗其得失葢鞅掌者二十年

胼胝者數千里乃得內無惑思外無疑製故願廣志殷嘗持奧義以贈後人而見淺見深多方岐誤或始信而終疑或得半而自足或以僞而亂眞欲求通曉良爲不易惟檇李沈生于生及同郡王生輩資性聰篤服膺不衰丁酉之歲偕我周生翱翔入越越之彥士觴予於宛委之山惟時同遊者多人呂子相烈求卜一邱奉藏母嫛并於宛委南麓爲定馬鬣之封而呂子之再從叔師濂及弟洪烈先與予詩酒倡和得意忘形縞帶紵衣願言古處呂氏諸子之定交於予匪朝伊夕矣夫於越諸

山刱于金庭天姥委于四明若冊胥客之所都君羽人之所遊衍願隨同好之士披衣嵐岫坐嘯巖阿以故西戊之後歲必適越三浙以東虞江以西足跡幾遍呂子同遊日久山川之變態心目洞然又欲周知昔人裁制之法而進問於予予遵奉師訓敬授以玉函秘義而總其要爲天元歌五篇呂氏世族代産聞人挺滋後昆詎慚先哲是能曲暢斯歌不晦雲陽之旨使有覺之類咸識慎終則太始之餘巧未必非利濟之全能也以是窮探道與夫豈遠乎

順治己亥日月會於元枵之次中陽大鴻氏題於會稽
之樵風涇

自序

書籍傳寫之本久則滋訛魯魚帝虎自古然也即其書無關重輕閱者猶以為恨而況醫者之於疾堪輿者之於墓宅生死之所寄安危之所分吉凶禍福捷若影響一字之誤

當千里其為利害可不慎哉天元五歌山龍水龍陰宅陽宅巒頭理氣分門別類明白曉暢處處申明天玉青囊之所以然乃堪輿書之最要者也其書幾遍天下而迄今尚無刻本轉輾傳寫舛錯紛紜歲在

庚辰僕於匡愛廬館中適見原本
因取世所傳本校正訛謬又因原
註簡略恐所以然之理言之有未盡
悲謬說之流行迷途之莫返故不揣
檮昧增補闡義以發明之亦猶蔣
公作歌之意云尒

道光三年季冬朔無心道人識於

維揚崔氏之宜雅堂

章氏仲山

保墓良規

古卿大夫為石槨三年不成孔子聞之尚有速朽之嘆今人稍有資財亦為石槨砌石工竟有四五年而不成者如此造作傷龍脉泄地氣其弊不可勝言古人擇地必取有氣之地足以承天俾陽和之氣下浹於地天地生氣交接自無潮濕之患乃不思使其交接反用石板鋪塞使天地之氣隔絕日久月長水蓄棺槨勢所必然其弊一也方當盛時墳丁有意損傷年脩年塌藉為利藪及其衰也工程坍壞墳丁竊取為坑為廁無所不至

祖宗經紀在前今日反爲下人遭塲其弊二也甚至不肖子孫乃曰某可以變錢某可以易米當其造作之時惟恐他人毀壞工作堅固不料子孫親自拆毀陷於不孝其弊三也種種弊端都由磚石之所招耳僕思彼之厚葬不過欲其悠久不替以盡爲子之道然非大忠大孝大有功德於天下者焉能冥冥呵護耶今爲世之有力者計將此石工之費買田數十百頃設立義庄使死生貧苦長享其利如此不特墳丁無所施其詭技不肖無所售其妄想俾世世子孫承天之庥永保無疆非萬

全之策哉。

天元五歌闡義全集目次

卷之五

選擇　附保墓良規

附元空秘旨

天元五歌闡義卷之一

雲間蔣大鴻氏撰
錫山無心道人注
門人　古吳徐嘉穀　湖州陳陶生　長洲柯遠峰　金匱陶康吉　同較

天元歌一　總義

一元浩氣涵三象○混沌初開氣升降○天淸地濁成兩儀○
陰陽互根氣來往○山川土石象中氣○日月星辰氣中象○
二氣相抱不相離○濁陰本是淸陽相○惟有人爲萬物靈○
品配乾坤號參兩○一人自具一天地○卓立三才不相讓○
元陽本是天中來○形從大地產根荄○至人父天而母地

此是生成妙化裁天元降在地元中猶如父母搆成胎十月嬰胎非父職三年乳哺母之懷人生本天而親地地靈原是天靈栽此章言陰陽一氣天地一體而人與天地合體地受天氣而生人推原地氣蔭人之本

太初無形之氣始於一陽此氣浩蕩無邊包含萬象豈三象而萬象咸在其中矣混沌是清濁未分之謂清氣升濁氣降兩儀由此分陰陽由此運四時由此行萬物之所以胚胎卽是萬物之太初卽是萬物之一陽也地不得天則無所以成天不得地則無所以

生天地陰陽無一息之離乃萬物生生化化之機也且山川草木在地之有象者也而春榮秋落升騰蟄藏即是象中之氣日月星辰在天之有氣者也而斗轉星移弦望晦朔乃是氣中之象靜與動陰與陽形與氣上下相須而生生不息者乃天地萬物生化自然之妙也其妙難以明言故將父母嬰胎之意以發明之亦猶大易男女媾精萬物化生之義云爾

生時衣食居廈屋萬寶地產名天祿由來宅相福生人
帝室皇居壯京國死時埋骨歸於土反本還原義反覆

還從地氣吸天光。變化蒸噓露金玉。此章言陰陽二宅皆天氣陽精反本化生之妙

順天之氣則生。違天之氣則死。乃萬物生化自然之理也。夫人之生也。一呼一吸。即與天地之氣息息相通。非但生者得此以生。即化者亦得此以化。反本還原。端賴有形之質足以承天無形之氣。足以生質生氣。氣生質。天地合其德。體用合其宜。上行下效。陰陽往來。變化蒸噓。子孫之休咎。從此出矣。

煉陰仙客解冲虛。凡骨猶能化百族。吉成龍鳳衆靈奇。

凶作蟲蟻諸惡毒精魂苦樂人不知但見子孫生禍福
聖賢仙佛也難逃帝王將相莫自豪各有山川來蔭應
今來古往不相饒最小千金傭販子亦沾微潤樂淘陶
不然無祿並絕世墓宅不爽爭秋毫此章言品類不齊皆屬宅墓之應
上文所言承生氣者是承氣運消長之生氣也葬埋
承此生氣則骸骨與此氣交合結成諸般靈物若背
此生氣而承衰退則骸骨與衰氣交合結成諸般惡
毒是所謂氣以成形者也夫此盈虛消長之氣陰陽
往來之理雖聖賢仙佛將相帝王猶不能逃其範圍

況在中人以下哉
所以聖人重此道遷幽卜洛何焦勞後來名賢朱蔡輩
煌煌書冊議最高
歷敘上下數千百年大聖大賢仰觀俯察卜洛遷幽
以證千古一法也自一行以來僞法雜出僞者淺而
易曉眞者奧而難明間有知者又恐天律有禁不敢
輕洩於是大元空一法從此而軼其說惟蔣公得無
極眞傳註辨正作五歌數萬餘言發明天玉青囊之
旨天心一卦之端錯綜變易之機陰陽動靜之理幾

瞭如指掌矣

無奈豎儒識見偏諱言求福云違天世上惜財薄葬者附會此說以文慳一日偷安拋父骨世代凋零百不全直使子孫貧天絕不孝莫大豈爲賢覆槨翻棺并腐骨父母魂魄更堪憐此章言後儒失先賢遺意陷人於大不孝

先儒固有不信地理之說惟其德可回天天故福之人定勝天之理也後人無其德而託其說竟不擇可否而愎諫違卜遂致覆槨翻棺諸惡畢備夫爲子之道養當盡其敬葬宜盡其力親安則子安子安則親

愈安矣可不慎哉可不慎哉

世間萬事半荒唐惟有陰陽不可當不笑不言三尺土掌握禍福急如火笑人不重祖父墳只望花開不看根脩道乳母且相應繼子外甥如嫡親墓宅吉凶較量看新墳舊墓也相參墓宅兩興宜鼎盛宅墓兩廢斷人烟宅凶墓吉見孫慶墓凶宅吉眼前歡祖父新阡沾殺氣高曾福蔭他房去寒林忽發一枝榮若非新宅必新塋吉少凶多福來短吉多凶少禍來輕此章言地有必應之理墓宅新舊參合應論不可以執一論

此以僧道乳母繼子外甥也言墳墓之應驗也銅山西崩靈鐘東應理有固然無足怪者然新墓舊墓陰基陽基須當兼看而新墓尤爲緊要耳

更看屍骸寒與暖歲久骨枯取效緩惡山惡水倘曾埋銷盡陰靈氣方轉初喪新骨天靈完葬乘生氣朝花鮮更遇嫩山并嫩水一紀之內錦衣還并將宅氣來相輔畀田院裡出官班　此章言墓氣速應之法

專言歲久骨枯之患即葬吉地須候陰寒之氣消盡生氣方能轉機新骨是一年半載三月五月之謂也

再求嫩山嫩水用法得宜自能一葬便興父發子榮世之白屋公卿每多如是乃新骨取效之應驗也

莫說生來命數奇地元一得天星移此是至人造命訣

二十八宿掌中齊

地元者盈虛消長化生萬物之氣也墳地得此生氣則子孫之生命亦隨之而轉移此即生者命從葬者定之說也

莫說窮通有骨相螣蛇變作雙龍樣此是仙家換骨方

死骨不灰生骨壯此章言地理挽回氣數之妙

此無命無數之說未免太偏歷觀世家大族祖墓必佳卽傭販小㡧墳地亦吉大以成大小以成小古往今來一毫不爽也并有一葬便興者有葬後不數日而卽敗者敗與興與其權皆在墳地無關命與相也然則世之拘於命而不問地之可否者固非卽拘泥求地而不順天理人情之自然者亦非也

勸君大地勿誤求大形大局少根由縱有千山并萬水與他穴氣不相投

山水二龍都以神氣滿足情形專一者為的所謂根

由者此也所謂相投者此也如坐下無氣精神渙散土色無神雖有萬水千山無益也

一枝一泡山龍眞一鈎一曲水龍神肉眼只嫌結局小箇中生意滿乾坤

此言地不在乎大小在乎神氣而已卽一枝一泡一鈎一曲果有神氣何患乎地之小哉苟無神氣何樂乎其地之大哉肉眼拘拘於局之大小而不察地之生死眞假者謬矣謬矣

恨殺時師不識眞常將假局賺他人謀占靈壇并舊墓

壞人心術少安寧豈知吉地方方有只在眉頭眼下尋

此章戒人勿貪大局而爲假地所誤

專言有意誤人之弊明知舊墳百計謀占翻動朽棺腐骨甚至棄之溝壑將數千百年古冢磨滅心術如是非但不能求福必招奇禍於目前卽經手用事之人欲免災禍亦幾希矣至有不顧地之可否輕易遷人祖墓而從中取利者甚有明知一葬便凶因其中有小利可圖而不顧人者種種弊端一一指出爲將來者戒

蔣生二十慈親喪。幾度拜人求吉葬。家破多因買地差。身衰半為尋師浪。幸遇眞人無極子。授我玉函法眼藏。十年冥悟徹元微。萬里探奇走烟瘴。識得天元造化根。花前月下天機放。

此蔣公自言得師之難。身衰家破。均由不得明師之故。幸遇眞人於遊方之外。從遊多年。北走盛京。南遊烟瘴。徧覽古今名墓。參互考訂。始窮其變。而後花前月下。隨手拈來。無非天機妙用爾。

此書不是術家書。河洛龜龍太極圖。羲文周孔心相契。

夏禹殷箕義不磨管郭遺文多僞托曾楊口訣世間無
若不傳心并傳眼青囊萬卷總糢糊天涯倘遇知音客
留取雲陽隮後歌此章言我師自敘地學得傳之由發明作歌之意而歸重於口傳心授
理氣一法原本洛書即九州井田宗廟明堂算學勾
股及堪輿醫藥卜筮之術皆由此而出故蔣公特舉
諸大聖人以證俯察之理本乎洛書之義也

天元五歌闡義卷之一終

天元五歌闡義卷之二

雲間蔣大鴻氏撰

錫山無心道人注

門人　古吳徐嘉穀　湖州陳陶生　長洲柯遠峰　金匱陶康吉　子雲谷　同較

天元歌二　山龍

昔日華山陳處士。演成太極傳當世。推原天地未分時。只有坎離水火氣。二氣盤亘不相離。淸者爲天濁者地。坎離一交成乾坤。製造大圜如冶鑄。黃輿乃是冶中灰。水火煎烹積滓翳。

首章推原渾天化生之始。大地山河成象之初。

希夷先生演成太極。推原天地未分。其氣混沌。只有水火二氣。升降虛元。亘古不離。摩盪不已。清濁乃分。清者升而為天。濁者降而為地。清濁之所以升降。都由坎離水火。一息不離而能如是也。故曰生天地者此。氣生萬物者此氣也。

山情剛燥火所凝。骨骼支撐為砥柱。崑崙高頂九霄中。此是中天泰帝宮。海外三山幾萬里。總與此山脉絡通。陽脉東南來震旦。如入正面向離。風篤生聖哲臨夷夏。迴與肩背不相同。

此言中國大幹有三。都從崑崙出脉。在大江之左者。

爲南幹。在黃河之左右者爲中幹。順天關東爲北幹。此三幹都是崑崙山之正面所產聖賢迥異肩背此背面內外之別。山龍不可不察也。

大幹三條分主輔。三條各有帝王龍帝穴龍神五百里。若然百里作王公。但有特龍來數里亦許功名鑄鼎鐘。

此章槩言中國三條龍脉大勢

此論來龍之遠近長短。以辨力量之大小也。

欲識龍行先識起。龍若起時勢無比。高山萬仞削芙蓉。

南嶽七十二峯峯之最高者名祝融與芙蓉在湖南

千里層巒皆俯視。此龍多生

木火形放下羣枝行八際一枝一葉有龍神正龍端向中央去只把江南大勢看南龍起頂是黃山在江南左翼九華開內輔右翼天目敞東藩在浙江正龍句曲神仙府即茅山直到金陵龍虎蟠是江寧

此言幹龍氣勢雄健成星成體者每多木火南幹之勢然也所言九華天目是謂江浙諸山直到金陵龍蟠虎踞方是南幹之正結

山形一起一龍分數起數分龍益尊龍神分去無非穴正幹偏枝力不均此章言眞龍起祖分宗枝幹之理

此章專以山形之起分辨龍體之貴賤又辨正幹偏枝力量之不齊此亦看龍之最要者也龍以分爲貴分則粗頑之氣脫盡水以聚爲尊水聚則氣止氣止水聚其情自然環向山龍平洋大勢然也凡山龍分脉分枝必先起頂分下旁枝卽爲偏枝幹龍者一州一郡或千里或數百里諸山莫高大於此山者謂之幹或早晚有雲霧生其頂者亦謂之幹幹龍氣老結穴最少果有眞結力量最大偏枝旁脉力量稍殊正幹者卽數起數分之正脉也正脉來愈遠分愈多麤

頑之氣愈盡此之謂分盡之分

看龍看起復看斷凡屬眞龍斷復斷斷時百里失眞蹤

穿江渡海情無限山根委曲地中行不是仙人誰著眼

此章言眞龍斷復斷之妙

上文論龍之起分此章言龍之跌斷葢龍之分也必先起而後分龍之起也必先伏而後起眞龍之勢然也此章不言伏而言斷者何也斷也者伏而將盡之謂也伏而將盡其起必雄𧺆故伏以斷為貴也

識得斷龍方識結結穴元微最難說世人求穴近大山

且要案山龍虎夾○豈知大山龍來歇縱有高藏反[illegible][illegible]真龍偏結曠野中○踴躍奔騰不怕風饒他落在深[illegible][illegible]也要平坡萬象空○好龍勇猛向前奔○從龍不及遜闌門譬若神駒日千里○難將凡馬望其塵○亦似三春抽嫩笋○從龍如籜抱其身○一朝雷雨干霄長○節節籜落不相親○時師只怪無龍虎○眞龍眞虎穴中鎖○會得天然龍虎時浪打風吹皆樂土○

此章言眞龍結穴變化之奇而辨時師取用外砂之謬

斷者○伏也○凡眞龍將到結穴時必先伏而再起者爲貴○至若出洋脫○劫伏而起○起而伏○穿江渡河○踪跡端

倪最難著眼龍之結穴更屬元微深山老幹踴躍奔騰頓跌起伏之情形人所易曉出洋脫劫變化不測將到結穴時龍之踪跡愈變龍之機勢愈疾左右從龍似有追從不及之狀俗眼每因左右無砂棄而不取要之眞龍結穴之際定不孤行外纏夾護隱隱相從或貼身左右有蟬翼陰砂或有羅星關攔水口此卽爲眞龍眞虎又爲天然龍虎識得此穴不拘湖蕩圩邊風吹浪打之所皆成樂土也

龍神節節顧祖宗如子戀母遠相從若不祖山爲正案

另求特案配雌雄。百里眞龍。百里案。賓主威嚴眞匹配。

莫言作案便非龍。但是高峯都不賤。此章言眞龍相朝相顧之情形

平洋對三叉。察血脉以辨龍之得失。山龍看落脉。辨穴情。察神氣。認生死以定穴之有無。乃尋龍之要訣也。所云正案雌雄。即齊眉入懷之類也。

辨穴先須辨落脉。落脉乃是穴消息。頂上生峯脉頭角。

兩旁開帳脉羽翼。粗枝出細好花房。老蚌生珠光滴滴。

也有好龍無脉看。高岡平阜只粗頑。彼處祖宗多脫卸。

數節之前骨相完。

辨落脉必先辨開面之大小然後再辨落脉之眞假如不開面而落者不是貫頂定是劍脊此皆山龍之所忌如大開陽面而脉從中出或從結頂開帳旁落有一段陽和之氣者方是眞落脉眞結頂故云辨穴必先辨落脉也落脉秀嫩似有似無有呼吸浮沉之動氣者此乃辨有穴無穴之消息也山龍凡有落脉必先起頂亦有未起頂而先落者亦有起頂而後落者亦有從肩落者亦有從腰臍偏旁落者種種不一老蚌生珠等語是言老幹抽枝出脉處有光彩奪目

之情狀也另有一種無脉可尋者必於數節之前脫盡方眞出洋脫劫夥多如是

大卒眞脉有二種連脉飛脉精神迴連脉眞踪在本山
飛脉他山復一湧本山定是結垂頭他山半作拋珠弄
也有飛脉遠數里起伏愈多龍愈美時師只道餘氣長
或說羅星水口當豈識眞龍饒變化草蛇灰線最難詳
教君到此須求盡眞龍大盡貴非常近山飛脉不嫌上
遠山飛脉石中數若無眞土盡浮泥恐是人工難証取

此章詳辨眞龍出脉變態

地形相連者爲連脉飛脉卽渡水穿田之類近山飛脉雖不論土亦要堅細明亮爲佳遠山飛脉伏而起起而伏渡水過河粗頑之氣已經脫盡必有眞土并有石脉石骨者爲最吉也若無石脉又無眞土此地必假所云抛珠垂頭是言飛脉連脉結穴之情狀草蛇灰線是言龍脉隱微難於言狀故將草中蛇灰中線以比之

眞君細論石中機石是山精骨髓滋時師只恠石無穴誰道眞龍石始奇眞鉗眞窩石內藏眞龍眞虎石兩旁

藏得枕棺龍口石○千山玉乳灌心香○結穴之石此中推○
行龍之石脉胚胎○不審其中元竅理○滿山頑石豈堪裁○
試言結穴有二品○石穴土穴貴相準○石穴端的是窩鉗○
愼莫鑿傷龍骨髓○土穴太極暈中抱○內象分明外象隱○
窩鉗土色不須論○太極重輪仔細尋○眞土原來石變化○
不同凡土五華文○世人鑿穴但求土○若逢凡土枉勞神○

此章言石土一穴眞機

此節專論石穴石穴多結窩鉗窩鉗之石必須入字分開卽石脉與左右兩砂之石亦要分淸主客塊塊

有眞情向穴者爲的石穴眞結定有眞土土眞其色自異不必拘拘於五色也如土色頓異者即謂之暈亦不必拘拘於重輪也果是眞結近穴諸石另有一般神氣色澤宜細察之眞土開下二三尺即見其色自與凡土不同并有開下數尺有小石如魚鱗者有如冰紋者并有石板一平如鏡者即名枕棺石又爲膝蓋石倘見此石斷不可鑿傷亦不可開動有洩眞氣其下每有青鸞白鶴金鷄玉兎之類龜蛇魚蠏之屬一見諸物斷不能受眞龍之全吉矣所言土穴滿

山是石獨下穴之處無石又有浮面是石開下數尺是土者有來脈是石貼身起石頂開石鉗而結土穴者種種結處每多極暈內象言土色重輪之象外象是左右形局向背之情眞土變化不一難於盡舉惟求明亮光潤堅細爲的也土有五色以黃爲正鑿穴求土者斷不可拘拘於某龍土必某色之說夫龍氣變化不測土色亦隨之而變化山山不同處處各別堅潤而有神氣光彩者即青黑亦眞粗鬆潮濕乾枯而無神者即紅黃必假要之在乎神氣而已何必拘

於青黃赤白之呆法耶○吾郡洪稚存太史之祖墓○在北門外數里○地名前橋○開下尺許○土色如墨○光彩射人○形方如几○僅容兩棺○其餘皆黃色○後發鼎甲○名垂於後○又有盛孟巖方伯之祖塋○在郡之東夏墅○土色青如藍○靛質堅如石○葬後子孫○父子兄弟多登科第位皆通顯○此卽青黑之吉者○可以爲証○有土山起石頂而結穴者○有滿山頑石○石下特起靈巧怪石數塊而結穴者○有平陽起石脉兩三節而結穴者○并有圩田之中○特生一石峰○五六塊而結穴者○有石形似牛馬

者有似巧雲者有似春笋者有似日月者有似連珠者怪巧不可勝計惟據僕所見者誌之○大凡結穴之石必要開面豎立向穴者爲妙豎則石性向上開面向上水從石後必分水分下必有上而且乾暖矣大忌橫斜冲射橫斜冲射性必向下水亦隨石而下下必有水卽石性在數尺之間斷不能脫盡惟鬼撑山脚山背之石每多如是

問君下穴有何法正龍正下是眞訣時師只說冲腦門每向龍旁尋倚穴精華走失發不全左右偏枯房分絕

也有眞龍偏側走龍是側來穴是正此是龍身一轉頭
結頂垂頭巧相稱此章言下穴之法
正龍正下爲專向龍旁尋倚穴者發也拘定於偏旁
求穴者固非即拘泥於正中求穴者亦非也只要穴
結於旁則旁穴結於正則正立穴得宜自無偏枯之
患矣夫眞龍行走之勢情狀不一惟側走偏落者背
面易分如回龍顧祖枝幹相朝種種每多側勢行走
之勢雖側到結穴之際或轉身出脉或起頂腰落結
頂垂頭之勢卻與左右龍虎相稱此乃旁城假主之

勢耳。

語君結頂是眞訣。披肝露胆向君說。龍不起頂非眞龍。穴不起頂非眞穴。結頂名爲眞穴星。穴星圓暈產眞金。世間萬寶金爲貴。此是眞陽露妙形。眞龍大地皆同體。遇著眞金莫放行。亦有穴星兼四曜。不離金體是眞精。

此章言眞穴起頂

眞龍起頂處。即是眞氣脫胎出脉之所。脫胎出脉之左右自有護帶纏送蟬翼陰砂如八字樣護衛兩旁方爲眞結頂。又爲眞出脉。此等落脉到頭定結穴星穴星亦要起頂。如穴星不起頂。則眞氣不聚。立穴無據。故曰非眞穴也。穴星圓暈。是言穴星之形象也。起頂結穴者。毋多金體。所謂眞陽露妙形者是也。

無極天元無别說。只曉眞龍并眞穴。識得眞龍與眞穴。天機造化任我奪。不得眞龍與眞穴。我師更有方便法。旁枝旁脉有來情。只要穴後生一突。緊粘突下作穴星。此法名爲接氣訣。人丁財祿兩豐盈。亦堪衆子登黃甲。君看當令富貴墳。大都接氣非眞結。

此章言接氣穴法

來情者。脉線之謂也。凡突必要來情。方爲眞突。而後氣法葬之自能發福但有突而無來情便是假突此種穴法最易誤入故特辨之再者雖有來情亦要辨清來情之背面生死而後用之接氣二字之奧自得

亦有眞龍向前行腰間脊上有三停湊著龍身下一穴此作騎龍斬氣名（此章言騎龍斬氣法）

騎龍斬關是看龍尋穴之法龍有起伏頓跌濶狹縱放之勢有開帳起頂曲動行止之情凡跌者伏者收而束細者此皆龍氣變化分脉分枝自然之勢也古人所云峽前峽後可尋龍者此也大地都從腰裡落

亦此也凡過峽束氣之前後腰間脊上稍有動氣情
形呼吸浮沉之嫩脉下穴於此謂之斬氣又名貼脊
眞氣將伏未伏之際左右前後從送必有欲前不前
之勢欲止不止之情將起未起之際必有迎前送後
之情形下穴於此謂之騎龍騎龍之穴堂局砂水及
一切用神都以左右之迎前送後者爲貼身之輔從
有天然局面者爲的也
眞龍餘氣本非穴撞背來時氣未絕亦有龍旁一脉垂
是號流神皆可發世人見發說穴眞豈意龍領剩明月

此章言不得眞穴而得餘氣流神亦能發福也

偏側分枝有動氣者謂之旁脉流神二字以狀動脉情形似水之流動也

囑君受穴緊中粘莫嫌湊煞出球簷得龍脫脉眞元散受水乘風禍不淺此章申言葬法不宜脫氣以下直指山穴諸忌格

立穴之法先看其情形相其動靜察其左右觀其照應當緊則緊當寬則寬隨地適宜總以接氣爲佳斷不可脫龍脫脉山形高低起伏頓跌曲動變化不測有類龍之情狀者故謂之龍也龍也者變化不測之

謂也脉也者聚精會神之謂也細而軟動而微和而
緩如人之六脉一般有呼吸浮沉之動氣者是也葬
宜得龍得脉爲要如弗得龍脉用於偏旁界水之際
難免受水乘風之患矣

我有眞人枕中記說盡葬山諸大忌一一分明告世人
廣渡羣迷長生意第一切忌下空窩空窩積水寒氣多
葬下淤沮骨腐爛子孫絕滅可奈何凡有水淋生大眚
左淋長子先不宥右淋小子少安寧當背淋來皆莫救

大凡窩穴必先起乳突而後開窩窩中再吐唇毬此

爲眞窩但有窩上無乳突下無唇氈便是空窩此窩水必多故以此爲第一忌也

穴無貼肉若坐空定有淋漓向穴冲水流割脚猶堪忍水若淋頭立見凶此章言山穴忌空窩忌淋頭平陽忌割脚

貼肉卽球簷之別名坐空非平洋坐水之空謂下穴於無貼肉之所卽爲坐空穴無貼肉自有水淋之患

第二切忌下平坦穴居平坦眞情散坐後全無貼體星平坡漭蕩生憂患此章言穴忌平坦

平坦必須界水淸楚脉有來情穴之丁財亦足但得

平曠毫無起伏無抱無突無收無束又無貼體星辰又無小水界淸來脉入首又無動氣此謂之眞平坦平坦之地氣散局寬立穴無據定有蟲蟻水濕風吹氣散之憂故以此爲第二忌也

第三莫下天風刼高山頂上空無穴高而有穴不爲空無穴天空眞劫煞八面風搖骨作塵此是風輪不可說

此章言穴忌天風

山頂穴貼身左右必須陰砂抱繞石紋拱向藏風聚氣結成窩鉗之形而有天然局面者爲的創前後左

有之護從必須面面相向山山環繞層巒拱照者為的也若四勢邊有邊無從山半向半背貼身又無陰砂抱繞便是天空劫煞下後災禍立見骸骨易化為塵故以此為第三忌也○高山頂上結穴最少即有都是神廟仙壇多因結穴孤露而應如是

第四莫下龍脇背龍自他行氣不聚縱然穴後不空虛牆頭壁下無根蔕此章言穴忌脇背

背即背面之背砂飛水反亦謂之背大凡形反者情不內顧山背者氣必他行故此山龍平洋凡背俱忌

脇即左右偏旁餘氣已盡之處雖在正面眞氣不到即有後山與穴毫無干涉故曰牆頭壁下也如貼身另有小水界清來氣則氣聚內堂又有一點眞水止蓄於穴前則氣止有此一止則無所不止矣主山朝案雖是借用下之亦能發福若脉無水界水無止蓄穴之災禍雖不立見子孫定主伶仃故以此爲第四忌也○以上種種都非的穴之眞情似是而非恐人誤認故特指之

總之眞穴少人知只言恠穴不易窺正穴正情原不恠

須將福德合天機　此章言眞穴非怪惟有德者當之以下皆辨時書俗術從來之誤

有怪穴無怪龍識得眞龍千變無窮之態方知怪而不怪之妙矣正穴正情者謂龍易識穴易知即端頭正面人人共識之地也然其用法之得失全在乎人之福德方能湊合天機何况怪而奇者乎

恨殺堪輿萬卷經當年曾有滅蠻名假托曾楊爲正訣不悞蠻夷誤後生

此言堪輿書之誤人由來已久自唐一行造滅蠻經至今不悟故蔣公特爲指明以醒當世也

陰陽兩淨卦中來陽龍節節是陽胎陰龍剝換亦如此
只取清純向首排此章力辨俗術淨陰淨陽之非
淨與不淨即出卦不出卦之意山在山之卦內水在水之卦內山得山之用法水得水之用法此謂之兩淨又謂之清純如辨龍體之陰陽則以開陽開面者為陽收束收斂者為陰如論氣運消長之陰陽則又以長者為陽消者為陰來者為陽往者為陰也如論干支顛倒之陰陽則又以隨時轉陽者為陽隨時轉陰者為陰也斷不是某干屬陽某干屬陰之呆法可

知矣。

若是嫩龍終是嫩。乾坤辰戌皆英俊。若是老龍終是老。巽辛亥艮未爲寶。此章力辨俗術以巽辛亥艮爲嫩乾坤辰戌爲老之非

龍之老嫩生死。是言龍體之形勢。活動者爲生。直硬者爲死。秀嫩滋潤者爲生。粗頑乾枯者爲死。斷不是左水到右。右水到左。掌上排得長生官旺者爲生死也。又不是乾坤辰戌巽辛亥艮之老嫩也。所言老嫩。是氣勢情形之老嫩。非方位干支之老嫩。讀者莫誤浪說貴陰而賤陽。天下奇龍阡葬少。五星只取影帶形。

九星變化亦非眞。此章辨貴陰賤陽之非

此節申言世俗誤認方位五行。而論龍體陰陽貴賤之非。卽拘五星九星之變體。而定貴賤者。亦非也

撰出後天生與尅。豈解先天大五行。先天五行無生尅。一陽變化皆太極。眞水原從火裏生。眞金本是水中出。語君休忌尅胎龍。木金水火原非逆。此專辨星體五行生尅之非

此言俗術以來龍之星體。方位之五行。辨來龍來水生尅之非。

更把方隅分五行。左迴右轉別陰陽。生方旺地求高峻。

堪笑時師掌上尋

此言諸家五行將陰陽呆裝於二十四山再以水之左來右到分陰陽而立向消納者甚屬可笑豈有活潑靈動之機隨時變易之理硬派於二十四干支亘古不移有是理乎

生龍本有生之情死龍亦有死之形生生死死隨龍變

豈在方隅順逆行　此辨方位五行生旺墓絶之非

龍之生死是言龍之形勢氣色之榮枯精神之有無氣運之得失而辨生死非以方位干支而論也

或取喝形來點穴此是仙人留記訣好穴難將告後人記取眞形揣摹合混沌初分卽有山世間萬物後來添器物衣冠時代異那得生成太古前子微玉髓巧分明只爲峰巒論應星若說龍胎眞有相後人虛揣失眞情

此章辨喝形點穴之非

喝形點穴之法先識龍眞穴的再看星體巒頭或有穴情與形相肖者方喝某形此是仙人指教後學揣形求穴之法也今人不辨龍之有無氣之生死情之向背穴之眞假一見山形水勢有類龍蛇者卽以龍

蚝穴法下之有類牛馬者卽以牛馬穴法下之有類衣冠物件者卽以衣冠物件下之隨形下穴執此牢不可破之見甚屬可笑夫山川之情性變化不測穴情之隱顯偏正不一豈可拘拘一形有失山川千變無窮之妙耶

山上龍神不下水先賢眞訣分明語時師郤把水來輪衰旺順逆紛無已誰知水法不關山失水乾龍會上天直瀉直奔皆不忌蝦鬚蟹眼莫求全此辨山穴兼論水法之非

山龍蓋以山爲主旣以山爲主當以山爲用是理之

當然也何故不用山而反以水之左來右到衰旺病
絕紛紛無已耶

雲陽本是先天老衆說紛紛如電掃血淚沾襟歌復泣
天機泄盡誰人曉

此卷蔣公非爲巒頭而作謂世俗誤聽僞法認眞爲
假認假爲眞舉世若盲迷而不悟爲害莫有大於此
者故作此歌及辨僞諸篇將假法之所由一一指出
又將山水分用之法重言以詳辨之耳

天元五歌闡義卷之二終

天元五歌闡義卷之三

雲間蔣大鴻氏撰
錫山無心道人注
門人　古吳徐嘉穀　湖州陳陶生　長洲柯遠峰　金匱陶康吉　子　雲　仝　同較

天元歌三　平洋

天下平洋大地多。平陽龍法更如何。世人盡失平洋訣。郄把山龍涸揣摹。

山有山之龍神。水有水之龍神。山有山之用法。水有水之用法。青囊天玉辨之已詳。今因水龍之法世人盡失其傳。誤把山龍之法下求平水。故此首章即指其弊而于下文申言水龍之體用也○平陽龍法蓋有數種如山東一帶水深土厚地勢平曠連綿數千百里起伏行止來蹤去跡無從捉摸此謂之平原平原取用之法與山龍兼得水龍者相等惟平原之水都是田源溝渠之類須從隱隱微茫之際看水之聚不聚再看氣之止不止氣止水聚穴必結于此矣平原之法雖未盡舉實不外乎此又有一種氣勢雄徤屈曲活動來有蹤去有跡起有頂伏有斷一切行度有類山龍惟不及山龍之高且大耳此謂平崗平崗

取用之法亦以山水兼得爲佳如嘉湖地氣平蕩水多氣散地形相連遠者數里近則一里半里而已即其起伏高低不過數寸之間此謂之平洋平洋氣散水渙甚難著眼須從隱隱微茫之際看其氣之聚不聚再看水之止不止氣聚水止是爲眞結平洋取用之法原不異山龍異于以水爲龍也又有一種龍身濶大地勢開陽多縱放少收束收則有類平峒而無其結鍊放則似乎平洋又較爲稍厚去跡來踪亦可明白此謂之平陽平陽尋穴之法以氣止水交主賓

相得爲要也

平陽原不與山同郭璞分明說水龍水龍一卷從來秘
不敢輕傳洩化工我代雲陽行普渡一言萬古鑿鴻濛
神呵鬼責甘心受造福生民在掌中

此言水龍之法始于郭璞即楊曾亦宗此法恐洩天
機故前人秘而不敢宣也惟我雲陽一片救世之心
竟將元機盡洩造福生民以廣天心仁愛之功鬼責
神呵亦所不計也

山形來落有根原大地平鋪一片氈首尾去來無定所

分枝過峽不須言莫把高低尋起伏休猜渡水復穿田此言山水二龍形體之不同卽下穴立向亦山有山之用法水有水之用法耳

山是眞陽神在骨地是純陰精在血山常葬骨不離肉地惟葬肉不離血人言生氣地中求豈知地氣水邊流流到水邊逢水界平原浩氣盡兜收此發明平洋之穴以水爲龍與山龍來脉迥異

大凡龍得水則活氣得水則聚脉得水則清穴得水則的水行則氣行水止則氣止陰陽自然之理也龍

到水邊又逢水界氣止水交穴必結於此矣所言骨不離肉肉不離血高山平陽體用交盡于此矣

水龍原不異山龍將水作山以類從水龍即是山龍樣
支幹分行事事同大江大河幹龍形小溪小澗支龍情
幹水漭蕩少眞穴猶如山高無正結支水屈曲情相得
譬若成胎有落脉山性本火主發上水性純水主潤下
發上高起是眞龍潤下低蓄是朝宗山穴後高丁祿盛
水穴後高絶無踪自上而下山之止自外入內水之止
山來多止止求眞水來多止止貴沖若是止形皆可穴

頑山頑水盡黃金以上言水龍行度與山龍支幹落脉一體格法水龍與山龍取用高低之異水龍山龍各有其止

此言水龍幹枝行止與山龍一般山龍眞結幹枝從龍各有眞止之情形眞情之向背眞穴之證據如是凡有止者皆爲我用方是眞穴水龍亦然神者山右情水有意體用兼得之謂也

我有水龍眞要訣水龍有轉是眞結直來直去龍之僵有灣有動龍之活一轉名爲抱穴龍抱穴富貴在其中二轉三轉貴不歇四轉卿相不須說

此章辨山水二龍老嫩之情狀山以屈曲活動土色精神背面生死及草木色澤均以滋潤有光彩者爲嫩乾枯者爲老也水龍幹枝老嫩則以大水爲幹小水爲枝三轉四轉者言幹枝大小生動活潑之謂也如浜到止處或鈎轉抱穴或曲動有情此謂之嫩又謂之生如僵直淤淺外寬內窄愈到止處愈狹愈淺此謂之死又謂之老富貴不歇總言三轉四轉抱穴曲動之妙也

轉處不分名息道轉入分流名漏道惟有息道是眞龍

漏道多轉總成空轉水不漏皆堪穴。不必止處求盡結。

轉處不分。謂水不分流也。若分浜分枝。仍歸一處消者。此爲發源。又爲來情。又名息道。切不可因其分浜分枝。謂之漏道也。若分處而有水去者。此謂眞漏道二宅均忌。

盡結原來是龍頭。轉處腰腹亦兼收。龍頭偏側俱精妙。腰腹完全力始悠。此言水龍轉結眞机

大凡水之所聚。即脉之所鍾。水神抱繞曲折之處。即是氣脉停畱止蓄之所。此云龍頭。腰腹種種皆是平

洋就水立穴飛邊吊角之捷訣也

求全不必水來多一道盤纏養太和更有沓龍從外護愈多愈美酒添酥雖取羣龍爲輔佐還從一道作龍窠別有雌雄兩道交交時却似馬同槽此是水龍奇妙格相吞相戀福多饒以上言水龍結穴以內水一道爲主又言水龍交氣之穴

貼身抱穴小水不必過多多則易于雜亂又恐胎神不固抱穴有情處只須一道便吉一道即玉帶乙字之類抱穴情形有抱養太和氣象者更吉至外面護佐之水則愈多而愈美若金龍到頭處仍以一道爲

用也又有一種一水從左來一水從右來一雌一雄兩路相交此是水龍之奇格所云相吞相戀是陰陽相得之情狀果能如是三元不替之吉壤也

水中亦有穴龍星五曜時時現正形五曜只求金水土木星有轉水之情直木火星皆最忌水形吞吐露金精若應三垣并列宿官堦品職自分明但取穴星親切處不離金土蘊眞靈此言水龍星體

山龍有五星九星正體變體之形水龍亦有五星九星正變之象此云只求金水土者卽寶照專取貪巨

武三星是也。木星有轉。水形吞吐。是即靜中求動。死中求生之意。所言三垣列宿。謂水龍形體亦有應天象者。要之環抱曲動有情者爲吉。直硬無情者爲凶。木火二星形象尖直故忌。

五星論定穴應裁。三法千秋慧眼開。坐水騎龍爲上格。挾龍依水亦佳哉。向水攀龍非不美。後山有水始無衰。掛角并兼三法定。莫親漏道損龍胎。此章直指水龍裁穴之法。歸本于得水而最忌漏道。

山龍論結體之五星。平洋論水城之五星。是認龍立穴之要訣也三法卽坐向依三法是平洋就水立穴定向之法坐水向水依水總以得水爲先也如坐水而水非得非但不能爲福最易發禍向水依水亦然用法卽得水道分流亦不能爲福也總以體用均得爲佳經云穴穴要窩鉗脉到宮正謂此也○不拘坐水向水依水及飛邊弔角諸般用法總不離察血脉認來龍對三叉細認踪補救直達兼貪兼輔者耳

龍胎雖固稱人心遠水安墳死氣侵沾著水痕扦貼肉陰陽交度自生春此言水龍下穴貼水爲妙

山龍葬不接脉此爲脫龍平洋遠水安墳便爲離血太近恐失穴情太遠又恐水氣不接必須龍水交接之際陰陽相得之處爲佳大凡山水二龍立穴之法貴在不接不離惟坐水及金龍到頭者則又以愈近而愈妙也

平原春到好栽花挹注盈虛氣脉賒真水短時結氣短真水長時實可誇長龍定主源源貴短龍只許富豪家

照穴有情者謂之真水即元辰水是也或溝渠田源有止蓄情形或本身界水到穴前轉身特朝屈曲活

動有照穴眞情者亦謂之眞水眞水者對脉來淸之謂也此水之來必須深遠悠長爲貴所謂龍來長短定枯榮者是也

平氣不如環氣足龍逢轉處發萌芽更有一端分別處淺深濶狹辯龍車此章辯水龍形勢淺深濶狹遠近長短裁取之法

平氣環氣是看水城之情狀而辯力量之輕重也龍車者屈曲活動旋轉抱穴之謂也水神旣有屈動抱穴情形當辯某方濶某方狹某方向某方背某方來某方去辯淸方位幹枝濶狹重輕遠近長短方可立

向消納從中趨避耳

水若乘車號秀龍空車湖蕩是痴龍得運痴龍能富貴外情內氣要相通帶秀痴龍尤顯赫痴龍後蔭福無窮

此章專言湖蕩水龍格法

散蕩無收者謂之痴龍大幹小枝兩水相交屈曲活動有濶有狹有收有束者此謂痴龍帶秀外情言形局向背之情內氣言挨星得失之氣要相通者即相女配夫幹枝大小遠近各得其宜之意也內外二字其說有二一以幹枝分內外一以體用分內外二說

皆是如論形勢以幹爲外枝爲內如論體用則又以體爲外用爲內要相通者謂形勢體用均歸一路情性相通也

從來水路後天成不同山骨先天生山骨補培終不應水脉疏濬引眞情當年無著修龍法修著之時旦夕盡莫道人工遜天巧江河淮泗禹功平此章言水龍修補之法以上論水龍巒頭體格以下論水龍理氣作法

山龍本無培補之法今人動云接龍甚屬不經水有疏鑿之理古人設法挑修往往取驗然必須去來得

失細心看准當鑿則鑿當塡則塡自能取效於旦夕間也倘不明元空之得失水情之來去胡開亂鑿徒取目前之適觀者是爲瞎修非但不能求福必見災禍於目前也

水龍剖盡骨生香入用元機不可量

元機卽隨時變易之元機所謂天心是也苟識此變易之元機何位何宮倒地翻天之與三元九運之機自能了了矣如不識變易之元機談八卦論干支一切說元說妙都是盲言瞎論豈能辯得失于毫釐之

際哉○此總結上文數節之意謂水龍幹枝大小曲直動靜生死俱已剖盡惟入用元機變化不測毫釐千里甚屬元微下文乃全露其機宜細察之

八卦三元并九曜毫釐舛錯落空亡

此章所言三元九曜入用元機即青囊察血脈認來龍對三叉細認踪之意

八卦是言來山來水方位干支之純雜三元是言山水氣運之消長九曜是言三元九運往來顛倒之機補救直達之妙此三者是山龍平洋巒頭理氣之綱

領必須體用合宜山水兼得方爲盡善稍有一毫舛錯即是空亡吉中有凶不成美器矣

問君八卦如何取洛書大數先天矩五帝三王緯地書九州九井都經紀此章推原理氣之所由

蔣公恐人不信特舉五帝三王九州九井皆宗洛書此亦推原理氣之所由來也近因世俗諸書都從干支上著眼不能領會元空故將洛書錯綜之理九星變易之機重言以申明之耳

朱子曰天地之化往者過來者續陰陽寒暑晝夜之

變而已陰生陽陽生陰寒而暑暑而寒晝而夜夜而晝一道之往來而不已也其理不偏不倚常行不易而成化也理也者形而上之之道也生萬物之本也氣也者形而下之之器也生萬物之具也是以萬物之生必本此理然後有性必本此氣然後有形又云太極理也動靜氣也氣行理亦行二者常相依而未嘗相離也理者天之體氣者天之用太極之動靜卽天心體用之變易也

只把九龍一卦裝莫憑三八分條理識得九龍龍骨眞

骨若不眞飛不起。此章申言三元九運五行顛倒之機不以干支分順逆者方眞一卦眞則九曜旋飛乃靈耳

九龍卽九運一卦卽天心正運之一卦旋轉乾坤顚倒三八都由于此順逆陰陽亦由于此苟能識得天心一卦之端方知隨氣變易之機隨時而在之理矣隨時而在九龍之骨方眞若拘拘于二十四山分彼此辯優劣者天心旋轉之機何曾夢見耶

九龍八卦貴乘時上下三元各有宜葬著旺龍當代發葬著平龍發跡遲葬著死龍憂敗絕縱然合格也難支

不是八神齊到穴出元之局莫相依此言水龍八卦三元氣運衰旺九龍即九運八卦即八方謂旣有九龍八卦自有盈虛消長之機往來進退之理旣有往來進退則三元九運各有衰旺理之必然者也所云八神齊到者謂來山去水方位干支坐山朝向山上水裡處處得宜之意也或體或用一有不合切莫相依

定局惟看貼水城毫釐尺寸要分明吉凶得失在乎貼身小水毫釐尺寸之間

毫釐尺寸是言貼身小水方位干支遠近長短潤狹

重輕之辯此乃平洋裁穴定向之最要者也稍有不合便成差錯其可忽乎

更有照神能奪氣外洋光透失宮星

照神者即登穴所見之遠水也有有水而不見者有見水而光不甚大者有見水光更兼形勢浩蕩卦爻錯雜者此謂之光透又名奪氣種種都是小不勝大近不敵遠輕不敵重之勢如用法遠近大小一有不合自有吉凶不一之患必須大小兼收遠近得宜爲要能將五吉用於浩蕩錯雜之處者乃爲最妙耳

宮星若重千分勢照神若重獨持衡外照過多分氣亂必定分房運改更

照穴有情者爲照登穴見幹水遠照者即是外照又名照神倘有此水亦要元空得生旺爲妙如不得生旺恐爲外照奪氣吉凶牽制也宮星是言近穴小水即貼身界水城門之類重輕即大小濶狹遠近之意如近穴小水得情得力并得五吉三星補救直達之妙如是則以內水爲主外照爲賓內外得宜主賓相得照神雖重非但不爲奪氣反有益於用也倘內水

無情無力僵直淤淺獨見照神汪洋數千頃有權有勢控制於外此又以遠水爲主近水爲賓大水爲主小水爲賓也取用之法亦宜大小兼收內外得宜爲要若拘先到先收之見非但不得外照之益反受外照之凶者多矣由此推之水勢之遠近大小輕重多寡可不察乎○不遠不逼有規有矩與枝水大小輕重相稱者謂之照神照者照穴有情之謂也如光茫奪目散亂無收毫無照穴眞情而內水又無權力以制之則元運不一分房更變勢所必然也

更有水龍眞骨髓只將對脉論來情來情若是眞元會諸局參差一半輕轉折短長純雜處此中消息眼惺惺

此章言水龍宮星照神兩氣兼收之法而歸重于來情對脉

來情對脉即水來當面之意既有眞脉再有來情再兼轉折長短却與來脉相稱再兼宮星照神用法得宜便是眞元會此處一得諸局之參差無關重與輕也

三元既辯龍神旺九曜不純龍力喪此是元空大五行六甲交中應天象

納甲五行是一行所造以混挨星之眞者也

九曜即元空大卦之九曜本無有吉用得則吉本無有凶用失則凶此云不純者半得半失之謂也天象云者謂此大元空之九曜轉移顛倒都由六甲運行而如是也此章直推大撓占斗綱所建始定干支造甲子是三元六甲之始也如初三月明于庚納於震十六月魄于辛納于巽初八弦於丁即納于兌之說即是宗廟五行故不書納甲而書六甲

五星二曜轉乾坤稟命天樞造化根在天北斗司元氣在地八卦顯天心

立極中央主宰七政運斡坤輿垂光乾紀流通入國旋轉四時乃萬化之根源也天有四時地有八方天光地德秋落春榮隨時變易之機均由旋轉運行縱橫顛倒使然也苟于顛倒中推測則在在之陰陽在在之五行天心一卦之端自能了了矣下文所謂父母是變易陰陽之父母即天心斗柄是也

四吉四凶分順逆父母二卦顛倒輪

太極兩儀四象八卦即一分為二二分為四四分為八此即四象八卦之所由來也卦雖分八來往之氣

則一故將八卦分作來者四個往者四個來者爲順爲吉往者爲逆爲凶所云四吉四凶分順逆者是也父母是變易干支之父母二卦即一往一來隨氣運行遷謝之二卦也隨時變易自有顛倒無窮之妙矣

向首一星災福柄去來二口死生門

一星者是向上所得之一星也向上所得之一星大關休咎故謂之柄二口即去水來水之二口來有來之用法去有去之用法去來各得其宜自能一葬便興稍有不合即見退敗由此推之向首之得失水口

之去來可不加意乎。

靑囊萬卷無非假。惟有天玉是眞經。元空洪範并三合。八曜黃泉枉問津。尤恨去來生旺墓。害人父母絕兒孫。

此力辯諸家理氣之非

宗廟洪範黃泉八煞及三合雙山小元空去來生旺。種種都是時師所用之僞法。爲害於世由來已久。蔣公恐後人再誤故將諸僞法一一指出。

能將九曜爲喉舌。大地乾坤一口吞。

此言水龍眞訣將大元空五行爲立向消納之用者萬不失一也

九曜卽貪巨祿文廉武破輔弼之九曜此九曜上應北斗主宰天地化育萬物周流六虛名有定名位無定位隨氣運行隨時而在苟能識得在在之陰陽在在之五行雖大荒內外山巔水涯古往今來無不了了矣○變易在乎一卦元機在乎六甲縱萬法之紛紜惟一理之融貫造之精者可以濟世用之久者可以通神

更說高原無水地亦有隱穴在其際乘高臨下卽江河萬頃低田能界氣高低數尺合三元一旦繁華諸福至

若坐低空在後山。數世貧衰常不替。

專論高原無水之處。尋龍尋穴之法。萬頃甚言低平寬廣之意。有數尺高低。爲界則氣清脈聚。立穴有據矣。能坐低空在後山。更兼五吉坐歸穴後。自能富貴不替矣。

江北中原平地龍。無山切莫強尋蹤。雖是乾龍無水道。溝渠點滴有神功。隱隱微茫看水法。葬法實與江南同。我向乾流指眞水。能使上士開心胸。以上言高低尋穴之法及中州無山平地取乾流爲水法眞江南似異而實同此節論高原無水尋穴之法。此節論平原無山無水取用之法。又論山下平地依水立穴定向之法。種種都是無水爲有水。無龍作有龍之一法也。有以低田低地低一寸爲水者。有以溝渠點滴爲水者。有以池潭溪澗爲水者。有以高低數尺爲水者。水雖不同。其用則一。蔣公恐人拘泥。故將諸般取用之法一一指明。

向山平處近平田。莫作山龍一樣看。若遇乾流或水際將此並論三元。雲陽留得三元訣。欲向人間種善緣

言山腳之穴兼論
局三元另一格也
一言山下平地依澗傍水蝦鬚蟹眼及溝渠點滴之
類亦有山水分用即平原無水之地高一寸低一寸
隱隱微茫之水亦要分用即青囊所謂山管山水管
水者是也

勸君葬水勝葬山葬山歲久氣方還水葬吉龍并旺運
三年九載透天關　此章發明山水二龍應驗遲速之理
此言葬水葬山應驗之遲速所云吉龍指體旺龍指
用必須體用各得其宜方能取效三年九載者甚言

其速也

山本陽精中抱陰陰精是水陽內存葬陽得陰陰漸長葬陰得陽陽驟伸

山崗雖以龍穴爲重到眞龍結穴之際必有眞水以應之平洋雖以水爲主到水神交會聚蓄之處必有眞氣結聚于其間此即有龍自有水有水自有龍乃陰陽自然之妙也所云得陰得陽即寶照所謂陽水陰山陰水陽山者此也所謂陰陽動靜山情水意者亦即此也

楊公昔日救貧法。但取三元龍水合。王侯將相此中求。無著禪師親口訣。杜陵狂客不勝愁。四十無家淚白頭。只爲尋山貪幹氣。蒼茫古道漫滄洲。水龍一卷贈知已。大地陽春及早收。此言水龍本之楊公。

此蔣公自言貪求幹龍正結。以至頭白身衰。正勸當世之貪求大地者耳。即一枝一泡一鈎一曲之小地。只要得穴得用。將相公侯無不在其中矣。恐人不信。特舉楊公以證之也。

天元五歌闡義卷之三終

天元五歌闡義卷之四

雲間蔣大鴻氏撰

錫山無心道人注

門人　古吳徐嘉穀　湖州陳陶生　長洲柯遠峰　金匱陶康吉　同較

子　雲谷

天元歌四　陽宅

人生最重是陽基。卻與墳塋福力齊。宅氣不寧招禍咎。骨埋真穴貴難期。建國定都關治亂。築城置鎮係安危。試看田舍豐盈者。半是陽居偶合宜。首章言陽宅與陰地並重若建都立邑更重於墳墓。

生居吉宅。死卜佳城。其理一也。墳之吉凶蔭在子孫。

屋之禍福應在一已故迎承生旺取效目前較陰基更爲切近

大凡門戸行路通風通氣通人往來行動者謂之堪牆垣壁落弗通風弗通氣并不通人往來行動者謂之輿宅者堪實者輿動者堪靜者輿二字辯別清楚再辯親疎遠近再辯干支方位再辯挨星得失如是則陰陽二宅自能指掌瞭然矣

陽居擇地水龍同不厭前篇議論重但比陰基宜澗大不爭秀麗喜粗雄大江大河收氣厚涓流滴水不關風

若得亂流如織錦。不分元運也亨通。此章言陽基龍法一如水龍故不復論必取形局寛大乃可容受宜擇水多曲折之處即非本元亦可發福

此言陽宅之大局。比陰基稍異。惟迎神引氣之法。與陰宅水龍一般。即地形水勢。亦取粗雄濶大環繞曲動者爲佳也。

宅龍動地水龍裁。尤重三門八卦排。只取三元生旺氣。引他入室是胞胎。一門乘旺兩門囚。少有嘉祥不可留。兩門交慶一門休。大事歡欣小事愁。須用門門多吉位全家福祿永無憂

宅龍者宅向所得之星也動地即門戶往來行動之

地內戶趨避之法與宅外水法一般故曰水龍裁也所云排八卦辯三元卽排向首一星大元空五行生旺之氣向首得此生氣方能引領吉氣以進內室一門兩門者言內戶承氣門門須承向首之生旺也

三門先把正門量後門房門一樣裝

一宅以大門爲主內戶門路爲用量者是定陰陽分順逆量度向首一星之休咎也向首旣辯再辯上房門路所承之氣若何也所云門多吉位者謂都承正門生旺之方位也○量者度也是量換星之得失

非量門之濶狹長短。讀者切莫誤會。

別有旁門并側戶。一通外氣即分張。設若便門無好位。一門獨出始爲强。此章言陽宅門氣

此專辯旁門側戶。謂既有正門。或左或右或前或後。從旁開門者。謂之旁門。又謂之便門。又名側門。有可不由大門而從旁門出入者。此謂之通外氣也。即此旁門亦有所向。此向所得星辰。與正門一氣者則吉。如在正門之吉方者亦吉。一有不合。即爲分張。分張者。爲此奪氣。吉凶牽制之意也。

門宅骨路爲筋筋骨交連血脉均若是吉門兼惡路酸漿入酪不堪斟此章言門路氣脉相連趨生避煞之法一如水龍

一宅之吉凶均由門而定故謂之骨一宅之盛衰都從路而進故謂之筋向首既得吉氣全在吉路引進也倘門吉而路不吉宜改移吉位必使筋與骨血與脉一氣貫通方爲盡善如吉凶夾雜者何異酸漿之入酪也○有門自有路門與路宜相生比和爲佳并以門爲主路爲賓來往相生爲妙如門得生旺門外來路宜扶門之生旺及一切內戶均宜從外生入切

忌相冲相尅便爲惡路然此冲尅非形勢之冲尅是
五行之冲尅讀者宜辨

內路常兼外路看宅深內路抵門闌外路迎神并界氣
迎神界氣兩重關此章言陽宅路氣

此専辯看路之法外路是宅外街道田塍之類內路
是宅內行動之路內外兩路用法各殊外路宜扶向
首內路宜益私門私門氣弱宜用內路吉氣以扶之
所謂內路作外路即此法也宅深內路自有遠近遠
則恐氣不呼應又以近門內路爲用也所云迎神界

氣都在遠近中分出近則爲迎神遠則爲界氣即外路看法亦然都從遠近親疎而分休咎也

更有風門通八氣牆空屋闕皆難避若遇祥風福頓增若遇煞風殃立至

此章言陽宅風氣

專辯城市凹風看法與水法一般

矗矗高高名嶠星樓臺殿宇一同評或在身旁或遙應能迴八氣到家庭嶠壓旺方能受蔭嶠壓凶方鬼氣侵

此章言陽宅嶠氣

專言迴風返氣之法必須辨淸元空之得失嶠壓之

遠近而占驗休咎也城市以牆傾屋缺者爲凹風左右前後鄰屋特高者謂之嶠星所云旺方凶方祥風煞風均不在形跡上看須從元空上尋如村居氣散應驗少輕城市氣聚應驗最速所言生旺是元空之生旺非生延之生旺讀者莫誤

衝橋衝路莫輕猜須與元龍一例排衝起樂宮無價寶衝起凶宮化作灰此言陽宅衝氣

專辨衝橋衝路取用之法與水龍一般所云樂宮是元空之樂宮非天醫生延之俗說也○按莫輕猜三

宇樂宮囚位須從元空中著想不在形跡上尋也明矣

宅前逼近有奇峰不分衰旺皆成凶擡頭咫尺巍峩起泰山壓倒有何功此言陽宅逼氣

咫尺甚言其逼近巍峩是言其太高宅前高而且逼多凶少吉二宅均忌

村居曠蕩無攔鎖地水兼門一同取城巷稠居地水稀路衢門嶠並司權此言城市鄉村陽宅之異

此言城市鄉村宅法之不同鄉居氣散水渙取用之

法向與水兼得爲佳城市氣聚并有鄰屋之凹凸高低街道之濶狹曲直水稀地窄即以凹者低者濶者曲動者爲水直者狹者凸者特高者爲山也所云司權者謂高低各有其用也

一到分房宅氣移一門恒作兩門推有時內路作外路入室私門是握機當辨親疎并遠近抽爻換象出神奇

此章言陽宅分房

分房是兩三家同住一宅或一二十家合居一宅之分房也看法以一家私門爲主諸家往來之路爲用

故云內路外路握機私門是也親疏卽內路遠近之屬抽爻換象卽物換星移吉凶變遷之義辨卽辨內路遠近變遷之吉凶也卽近門內路亦有清純錯雜之辨遠則方位必移方位移則所承之氣自然不一承氣不一吉凶變遷自無一定矣

論屋神祠理最嚴古人營室廟爲先（此章言神祠宗廟）

神廟關合社之興衰宗祠係一族之休咎地氣形勢堂局砂水高低層進均與住宅一般惟向首一星尤爲緊要也向首一星宜得官貴文秀之氣和平悠遠

之神兼貪兼輔兒孫自多賢良自多孝友切忌頑鈍之氣剛燥之神到向也即神廟仙壇亦同宅內神祠即祖堂香火其承接之氣關繫一家安危當以此爲先也

上房內戶門路井竈諸般都吉還以宅中色氣爲禍福之主宰夫宅中色氣不一畧舉其大槩而言紅黃曉亮者爲吉氣滋潤有光彩者爲生氣和暖淸明有欣欣氣象者爲旺氣惟淡白無光者爲退氣黑暗陰寒者爲死氣冷落乾枯者爲衰氣門路雖吉向首雖

旺倘見此氣死傷退敗之患不遠矣法宜修理油漆粉飾亦挽回之一法也

夫婦內房尤特重陰陽配合宅根源此章言內房寢室歸重於宅主

夫婦內房即宅主之正房此房關繫一宅之休咎所承之氣必須彼此相生陰陽相配爲合一見冲剋定主刑傷此總括上文之意謂門戶井竈家堂香火諸般都吉還以上房內戶承接之氣爲主所謂根源者此也配合者亦即此也且大門爲一宅之氣口向首得失關一宅之盛衰內房房承氣繫一房之休咎如宅

主內房承氣得失猶山龍之入首水法之城門關繫一家禍福之所故以此爲特重也

八宅因門坐向空三元衰旺定眞蹤運遇遷移宅氣改人家興廢巧相逢

此章言陽宅以大門朝向而定吉凶不以坐山而論休咎此卽氣口反爲初之義而歸重於遷移入宅之時改移修造之運而辨得失故宅有彼此興廢之不同

此專言坐空向空之宅因俗術指明某某是戊己空亡某某是龜甲空亡陰陽二宅都以此爲立向坐宮之最忌者也海內皆然故特辨之夫八卦九宮四維十二支是日月五行氣化流行之次舍隨氣推移本

無吉凶本無彼此何故有此吉彼凶之辨耶況戊己爲中央鎮星又爲十干之中氣乃至陰至陽乾坤交媾之處水火金木都藉此戊己爲成形顯用之所水火金木都不忌而獨忌成形顯用之所何哉歷查古來名墓吉宅用此山向者頗多即近時墓宅用之者亦多其中有吉有凶有衰敗者有發福者有富貴無休者并有即此一宅前人居住不吉而轉售別姓居之則吉者彼既謂之凶而避之此乃用之而又發福者其故何耶是皆不曉三元衰旺之踪隨時顛倒之

機遷移變易之理耳葢空亡之向固有斷非此強挨硬砌者所知全憑關天地察元空權輕重考順逆所坐所向雖界乎兩岐之際左右兩爻陰陽順逆仍屬一氣者此謂空而不空主吉又有山向雖不犯戊已龜甲之位元空流行之機那界乎半陰半陽造葬適逢其會此謂之不空而空主凶又有一種所坐所向雖在戊已龜甲之地而入用元機與水法之零正無一毫差錯者亦吉如三元九曜稍有一毫差錯則凶此即戊已龜甲之說所由來也○所謂差錯是水戶

零正。挨星五行合不合之差錯。倘遇此等。先將向首陰陽五行辨別清楚。或當順排。或當逆挨。再查水之正神若何。零神若何。自曉其所以錯不錯之故。水口雖有差錯。挨星五行却合其宜。此即五行當分別者是也。

此是周公眞八宅。無著大士流傳的。天醫福德莫安排。只好遊年斷時日。

上二句推原元空大卦之所自來。下二句申言遊年卦例之非。遊年卦例本是一行所造。以混挨星之眞者也。

逢興鬼絕更昌隆，遇替生延皆困迫。此章力辨生延鬼絕之非

九星顛倒八國轉移，是鬼絕非鬼絕，非鬼絕是鬼絕。

縱橫顛倒，在在有興有替，斷非天醫福德新舊八法之挨砌者可知。

太歲煞神若加臨，禍福當關如霹靂。門內間間有宅神，值神值星交互測。此是遊年剖斷機，不合三元總虛擲。此章辨小遊年翻卦之非，必以挨星之得失乃斷吉凶。

太歲臨方到向，人人共曉。如向上所得之星，每間所

得之神。世所不知。既曉向首一星之休咎。再將值年值月之紫白加臨向首。吉則助吉。凶則助凶。應驗如神。方知向首得失之真消息矣。值星者。是向上所得之星也。值神者。是值年值月之紫白也。此紫白若與向上所得之星與每間所得之星相生比和者吉。相尅相剋者凶。如是則某年吉。某年凶。過去未來均可猜測而得。此卽上文所言遊年翻卦。只好占時日之法。恐人再誤。故將占驗一一指明。

九星層進論高低。間架先天卦數推。雖有書傳皆不驗。

漫勞大匠用心機　此章辨層進九星間架卦數之非

高低層進俗術皆以水火木金而定高低乾一兌二先天卦數而分間架註書立說言之鑿鑿如此呆板則元空活潑之機從何窺其消息耶夫高低層進之法必須細揣五行之生死方位之宜忌高低相稱層進合宜總不離生旺宜高衰敗宜低官貴宜高陰賤宜低之理耳先將八方五行布就再將宅向所得何星查準再辨五行之情性再辨星辰之陰陽貴賤氣運之往來進退如是而論高低層進無所不當矣

山龍宅法有何功。四面山圍亦辨風。或有山溪來界合。兼風兼水兩相從。若論來龍休論結。結龍藏穴不藏宮。縱使皇都並郡會。只審開陽不審龍。此章言山龍宅法

此節專論山居宅法。凡山有低凹。即有風水來去。其間用法風與水一般。若半山半水者。用法則異。知此即知山龍兼得水龍之法矣。

俗言龍去結陽基。此是時師俗見。庸欲取陽居釀家福。山居不及澤居雄。

此兩節總言山居澤居。不在乎穴之得。弗得在乎水

之聚不聚耳○即在萬山之中亦以得水爲先也

陰居蔭骨及兒孫○陽宅氤氳養此身○偶爾僑居幷客館○菴堂香火有神靈○關著三元輪轉氣○吉凶如響不容情○透明此卷天元宅○一到人家識廢興○此章言陽宅蔭生人視陰地更速凡有棲身不可不察

陰地蔭及兒孫○陽居應在一已○即偶爾僑居客館菴堂香火之間○關著三元消長之機者○吉凶如響也○凡二宅之前後左右○有見村庄者○有見土堆高墩者○有見屋角橋梁者○有見神廟紅牆者○有見城樓寶塔

者在陰宅爲空氣在陽宅即爲嶠星種種多能迴風返氣用得用失應驗最速此等先要辨淸方位干支高低遠近再辨元空之得失從中趨避自無不當矣惟紅牆與塔趨避之法稍異紅牆宜尅宜洩并宜粗頑之氣塔宜生宜扶并利官貴文秀之神此即因物付物之一法也

天元五歌闡義卷之四終

天元五歌闡義卷之五

雲間蔣大鴻氏撰

錫山無心道人注

門人

古吳徐嘉穀
湖州陳陶生
長洲柯遠峰　同較
金匱陶康吉
子雲峪

天元歌五　選擇

地理天時古聖言。堪輿二字義相連。浪說江南無大地。但取年月日時利。眞龍大地遍江南。也要天時一力參。初年禍福天時驗。歲久方知地有權。

首章言時日雖不及地氣亦司初年禍福故當兼重

得龍得穴得砂水。輿道也。得日得時得七政。堪道也。

堪與輿卽天與地雖曰天時不如地利實則地理天時二者不可偏廢也如得地而不得天猶播種不得其時定有枯槁之患如得天而不得地猶男子無室自無發生之機也由此推之時日之關繫更爲切近可不加意細察乎

諸家尅擇最紛紜拘忌多端誤殺人此家言吉彼家凶對盡諸書總不同五載三年精一日萬般禍曜總成空古來天子七月葬士庶踰月禮不曠年月何曾有廢興日時只好論孤旺春秋葬日滿經書但辨剛柔內外宜

禆竈梓慎俱博物豈昧陰陽　誤萬機諸家選擇盡荒唐
斗首元辰失主張奇遁演禽皆倒亂不經神授莫猜詳
世人尅擇重干支生命亡命苦相持致使子孫冲犯衆
多年不葬孝心違　此章歷辨諸家選擇之非
歷舉春秋葬日辨剛柔分內外論孤旺以證七政趨
避之法由來已久恐人不信又舉梓慎禆竈古之博
物以證之無奈諸家雜出以僞亂眞但曉子平竟忘
七政呆執干支生命亡命苦苦相持此吉彼凶紛紛
不一竟有誤人數十年不能得一吉日安葬其親者

悲乎

豈知死者已無命反氣入地爲復命復命能司造化權生者命從葬者定故有仙人造命訣不是干支子平法運天寶照候天星此是楊公親口訣不怕三煞太歲神陰府空亡俱抹煞年尅壓命有何妨退煞金神皆亂發一卷天元烏兔經留與人間作寶筏

此章直指選擇造命之法歸重於天星可廢一切神煞之說造命天星既合再避一切神煞豈不更妙乎

反氣入地謂葬埋以入土時日爲復命入土時刻猶人之生下時刻一般辨吉凶定盛衰都在此一時一

刻之間。此一時一刻。關繫兒孫禍福。故曰生者命從葬者定是也。○烏兔經有僞本。如俗所傳每月初一初二用羅計等。排去者卽是僞本。不可用

推原天地混沌成。惟有日月是眞精。金烏玉兔本一物。五星四炁從此生。人生禀受太陽氣。萬物皆是陰陽萌。聖人觀象演歷法。干支甲子作天經。五行俱是陽中氣。神煞何曾另有名。只將日月司元化。萬物森羅在掌心。

此章言造命天星以日月時刻爲主。

金烏玉兔卽日月。五星卽水火金木之五星。與日月

共爲七政。四炁卽水火木土之四餘。此四餘有氣無星。點行於天。從此生者。謂此五星四炁及一切萬物。俱由日月往來而生。天地無心。聖人無意。作干支甲子。範圍天地而不過。曲成萬物而不遺者也。

世間萬物各有命。不但生人男女。定造物制器可同推。

修造葬埋咸取證。日月五星大象同。一時八刻一移宮。

造命元機時作主。毫釐千里不相通。此章言萬物各有命其機在時刻。

生人以生下日時爲命。造制以成器時刻爲命。葬埋以入地時日爲命。蓋物各有命。自然之理也。一時一刻者謂七政之行度有遲有速一時一宮是言其大槩也此申言造命之元機在乎時刻一分一秒者謂日月五星無一息之停稍有差錯星移度改自有毫釐千里之謬

先將晝夜別陰陽晝夜晨昏出没詳十二宮中三十度大約六度是分疆盈縮授時毫末細量天廣尺未能量二十八宿七政明論宮論度要分明深則論宮淺論度一分一秒不容情命入躔宮變五氣日月隨命分五行五曜四餘扶日月生尅衰旺準天枰最取用星爲福曜

有恩有用作干城用若奪權爲上格忌星一雜福斯輕

此章言十二宮分度及躔命宮五行而歸重於恩用

此論用日月之法先分晝夜晝用太陽夜用太陰晨昏出没分至不同亦宜詳辨過天十二宮每宮三十度六度分疆者謂此六度界於十二宮交界之間昔郭守敬作授時歷今量天尺盈縮其度緣歲久不能無差故也二十八宿分布四方分隷七政有宮主有度主論深淺算分秒絲毫不容差錯者也命入躔宮者是言命主入躔於何宮也命主入躔於何宮即知

命主之所屬知命主之所屬則四餘之恩用自隨命主而更變即日月亦隨命主之五行而分者矣五曜四餘有生尅衰旺恩難仇用之辨如恩用星得生旺即為福曜又為上格忌星者即難仇相尅之星也一有夾雜其力自滅

用曜一星落何處陽時陰候分邊際冬夏二至陰陽極春秋二分是平氣平氣陰陽用可兼猶看晝夜與宮垣暑過平氣陰陽別當極之時禍福尚陽令惟求金孛水陰令惟用羅與火秋木獨宜水兼孛春土火羅金計土

春在分後須陰助秋在分後宜陽輔此章論四時星曜用忌禍福之變機

夏至一陰生是陽極而生陰冬至一陽生是陰極而生陽自交冬至到春分九十日有零陰陽各居其半此爲陽中之平氣暑過則陽勝是當陰助自交夏至到秋分亦九十日有零陰陽各居其半此爲陰中之平氣暑過則陰勝是當陽輔所云陽令陰令是言氣候之偏勝也火羅水孛是言隨時之取用也種種輔助之法在乎陰陽和而已矣且水火爲中天之大用夏令以水爲用神冬令以火爲用神乃得中和之氣

反是則凶。

宮辰星體兩兼收。度前度後要深求。猶向五星探伏現。逆來順去并遲留。三方對照緊相隨。同宮隔宮一例推。拱夾有情權力大。日月交愛格猶奇。此章備言宮星恩用諸格正變之法

先看宮辰星體。再求度前度後。如日光半經八度半。月光半經朔五度。望七度半。弦六度三十四分。所用時刻與所坐所向之宮度。其光果照得到否。五星光半經大小不等。亦宜詳辨。要之不拘三合六合拱照夾照。及到山到向。等須在日月五星光所照及之度。

度前度後尤當深究次察其伏現退畱若何相冲相會若何假如子宮安命先查子午宮次察申辰宮三方對照者若何以推休咎也然則星有同宮而異度者有隔宮而同度者重度不重宮故曰一例推也如拱夾星曜有情權力更大果能日月兩曜交受其光尤爲奇格

身當旺令不須恩但將用曜作根源平令獨恩難發達衰時得令尚無愆以恩爲用眞至寶以難爲用多顛倒以恩爲忌壽而貧以難爲忌身不保

此章言恩用離合之法

身者卽安命之謂也旺令卽合時合令之星辰也果當旺令何用生扶惟取用星爲最妙耳如在平令專用一個恩星孤立無助亦難爲福必須諸吉扶佐爲要如衰時得一恩星尚爲可取假如冬令以火爲用神命立子丑土宮火又爲恩星是以恩爲用最吉若命立辰酉金宮火變爲難星是以難爲用時起時倒興廢不常須得一土星化之方妙如夏令以木爲恩命立土宮是以恩爲忌者是也冬令以土爲難神命立水宮此卽以難爲忌者是也種種均忌安命之法

蓋以太陽加時順行逢卯即爲命宮又云生造以逢卯爲命宮葬埋以逢酉爲命宮此說亦是

本宮端的管初年宮若不純須舍旃必取宮身俱妙合長安花滿任揚鞭就中暗曜最難知空地翻同實地司寅戌丙宮光在午丑亥二曜子中依此論宮星並重之法兼言暗曜變格

本宮指坐山而言如戌山辰向火爲宮主星身者即命宮主星也坐山所得星辰與命宮所得星辰均要生扶旺相爲妙非但本宮要合即三合六合拱夾暗曜度前度後短長多寡亦要得宜所言光在午子中

依者此皆用曜之法也翻同實地云者如本宮在午午宮無吉星寅戌兩宮有吉星其光即射午地如子宮無吉星丑亥兩宮有吉星其光即夾注於子地是也

更有橫天交氣法寅申九十度有曜亥中思巳丑卯宮一百二十度亥未酉短長多寡度中移此章論橫天交氣法而借亥卯酉三宮爲例也橫天交氣即弦照夾照拱照三合六合照之類所云寅申亥未種種是用時刻前後以湊天星之法也

果老星宗此的傳星書卷卷失眞詮諸般格局皆虛假

升殿入垣莫掛牽。此章辨星書諸格之非

俗傳果老星宗升殿入垣諸般格局都假。惟此乃是眞傳。

日逢晦朔皆爲福。何必蟾光三五圓。但忌陰陽當薄蝕。七日之內勿爭光。太白晝見經天日。難忌洪災恩失權

此章言薄蝕經天宜忌

月無光。借日之光爲光。故不以晦朔辨優劣也。卽日月之食在天。行度使然。無關禍福。然爲地球所間隔而掩其光。是太陽太陰極否之象。故當避。太白卽金

星其氣肅殺其性陰慘在東方在太陽之前爲太陽制服亦能爲福如在西方在太陽之後到午卽爲經天其氣縱放最易爲禍幷忌與火星對照及同宮

日魂月魄命之根五德五星應五倫掌握乾坤惟此理璿璣經緯治斯民劉公昔日佐眞主建國行軍掃大荒無奈歷官多失學增添宜忌漫平章天元秘寶今朝啟傳與義和佐盛唐此章推原造命法本於天官歷法有大作用

自兩漢以來星書實多有得有失惟

聖朝採用西法

御定數理精蘊七政經緯須行天下考之已往傳之將來洵可爲萬世不易之良法也

宗陽五曲號天元雖是八爲實至言普願智愚咸解悟

故將俚句廣流傳一句一聯包數義通之便是地行仙

其中奧旨須尋味愼勿差訛累後賢此章總論五篇致其叮囑告戒之意

此總結上文謂此五歌淺者極淺深者極深處處關發天玉靑囊之至理必須細心參考方能由淺而及深由近而及遠矣

元空秘旨

目講禪師著　無心道人解

元空者倒地翻天隨時變易之元機也目講深得其奥作此秘旨闡發青囊天玉之至理九星雙起之元關辯吉凶定盛衰發皆中節處如桴鼓眞理氣之金針也

不知變易但知不易九星八卦皆空不識三般那識兩片凡屬五行盡錯顛之倒之轉禍福於指掌之間左挨右挨辯吉凶於毫芒之際一天星斗運用正在中央九

河…人…堂

曜干支旋轉由乎北極。

此言元空大卦陰陽五行縱横顛倒變化不測毫釐千里甚屬元微日講恐讀者無所適從又將衆星旋轉之機以示之謂衆星之所以旋轉也其機在乎北極陰陽之所以顛倒也其樞在乎三般讀者當細細揣之則縱横顛倒之機隨時變易之理自可得而知矣。

夫婦相逢於道路却嫌阻隔不通情兒孫盡在於門庭猶恐兇頑非孝義。

相逢者即山上水裏陰陽相見配合生生之謂也相見而得其所自有福祿之陰相見而不得其所便是禍咎之根用法即得是方或逢形勢反背水法傾流似是而非定有阻隔兇頑之更變矣

此節及下文總言山上水裏挨星得失之元微其中奧妙全在說卦以推氣用卦以明理繫詞以辯吉凶因形察氣因氣求形以推休咎也

卦爻雜亂異姓同居吉凶相併螟蛉爲嗣

出卦則卦氣雜亂雜亂即龍神交戰交戰雜亂自有

此應○雜亂指干支方位而言相併指挨星反伏而
言所謂用得卽是相見用失便謂反吟
山風値而泉石膏肓午酉逢而江湖花柳星連奎壁啟
八代之文章胃入斗牛積千箱之玉帛雞交鼠而傾瀉
必犯徒流雷出地而相冲定遭桎梏
艮爲山止也陽在上則止巽爲風入也陰在下則伏
止者不事王侯高尚之士也伏者山林隱逸不求聞
達于諸侯者也止伏相投自有泉石之癖離爲火爲
目爲心性喜流動兌爲金爲少女爲妾性愛驕奢離

麗也一陰附於陽則喜兌說也少陰出于陽則說離兌相逢故有江湖花柳之應也星應日司文章翰墨之神躔于奎壁定卜文才傑出胃爲土主倉廩五穀之府躔于牛斗定致千箱之積兌如加坎或傾瀉奔流一遇歲君徒流不免震若交坤或相冲相射年逢三碧桎梏難逃

火若尅金兼化木數經回祿之災土能制水復生金定主田庄之富木見火而生聰明奇士火見土而出愚鈍頑夫無室家之相依奔走于東西道路鮮姻緣之作合

寄食守南北人家。

此節專言生尅制化之理妙在山水峯巒五星九星
正變之象辨別清楚再辨元空隨時變易之機往來
進退之理認得分明當補者補當瀉者瀉制化得宜
自能得心應手稍有偏勝定見榮枯理之必然者也
如火金相剋當扶水以尅之或培土以泄之乃是扶
金壯水之至理若反以木助火火藉風而愈熾木生
火而愈旺回祿難逃土尅水則水自涸得金曜重重
洩土壯水自有田庄之富所謂強者宜洩弱者宜扶

即同此意火由木出用子相得木火通明定多聰俊土本火生太過則火炎土燥自產頑愚男以女爲室女以男爲家無家無室是言孤陰孤陽無所依靠故言奔走寄食于東西南北也

男女多情無媒妁而爲私合陰陽相見遇冤讐則反無情惟正配而一交有夢蘭之兆得干神之雙至多折桂之英

多情言山形水勢相得之情媒妁謂立穴定向之得宜如立穴定向少有差錯猶男女不用媒妁便爲私

合陰陽雖得相見遇反伏冲尅上山下水顛倒誤用反恩爲讐定見災殃雙至卽干支品配得宜山上水裏排來都吉之謂也此卽青囊所謂四神第一者是也

陰神滿地成羣紅粉塲中快活火曜聯珠相遇青雲路上逍遙非類相從家多淫亂姻親相合世出賢良

四七九二爲陰神諸星重疊于水口三义或值門方向首男女貪淫火曜卽尖秀挺拔之峯排立于主山朝案用又得一六連珠之妙自能早登科第得志于

當時也。所云相從相合者。總言山上水裏之元空交
方位干支清純錯雜之應驗耳。
貪棟入南離。迕見廳堂再煥。驅車朝北闕。時聞丹詔頻
來。全無生氣入門。糧蹇一宿。會有旺神到穴。富積千箱。
貪者排也。挨也。挨排震木加于離火。出乎震者。復相
見乎離。故有廳堂之再煥。乾金排於坎水。成乎地者。
又生乎天。天地生生不息。定主丹詔頻來。無生氣有
旺神。總言宜生不宜尅。宜旺不宜衰。此亦趨旺避衰
之最要者也。

相尅而有相濟之功。先天之乾坤大定。相生而有相凌之害。後天之金水交併

此言河圖洛書先天後天陰陽變易之機。五行顛倒之氣顛倒變易相尅相生乃陰陽五行自然之理也。且先天主體後天主用爲體者不可以用言爲用者不可以體言所謂先後八卦體用咸明者此也。

木傷土而金位重重禍須有救火制金而水神疊疊災亦能禳土涸水而木旺無妨金伐木而火熒無忌

此節申言生尅制化得宜之妙必須形氣兼看方得

制化之精微。如形合而氣不合。或氣合而形不合。稍有偏勝。制化雖得。亦見榮枯。理勢之必然者也。

忌神旺而制神衰。乃入室以操戈。吉神衰而凶神旺。直開門而揖盜。

尅我者謂之忌神。制神即制尅我之神也。旺者强也。衰者弱也。制尅無權。定見操戈之患。吉不敵凶。自有揖盜之災。要之一貴當權。諸凶咸服。衆凶尅主。獨力難支。此亦扶生制尅之一法也。

重重尅入。立見死亡。位位生來。連添喜氣。不尅我而尅

我同類多鰥寡孤獨之人不生我而生我家人出俊秀聰明之士

生則不尅尅則不生陰陽五行自然之理也所云位位重重指門方水口而言門方水口有生入尅入之利害同類家人指干支卦爻而言干支卦爻有正尅傍尅之吉凶一生一尅一正一傍應驗各殊讀者當察五行之情性山水之形勢去來得失之間趨生避死迎旺去衰自無死傷孤寡之患矣

爲父所尅男不招兒爲母所傷女難得嗣後人不肖因

生方之反背無情賢嗣承宗緣生位之端方朝揖

木受金尅長子難招水被土傷次無子嗣皆指元空而言非指方位所云朝揖反背葢言山水之情形生方旺方是言挨星之得失生方果有眞情相向并有朝揖情形兒孫定多賢良定多孝友此卽因形察氣因氣求形之一法總之兼形兼氣兼理而推休咎方能一毫不爽耳

我尅彼而竟遭其辱爲財帛以喪身我生之而反受其殃因產難而致死

生之太過反主死傷尅之太急反遭其辱均由形氣乖戾之故所謂過猶不及者此也

腹多水而膨脹足見金而蹣跚巽宮水路纏乾主有弔樑之厄兌位明堂破震定生吐血之災風行地而硬直難當室有欺姑之婦火燒天而張牙相鬭家生罵父之兒

坤爲腹爲土土衰不能制水自有膨脹之疾震爲足爲木爲肝肝主血受乾兌金尅則木壞肝傷主足跛吐血之症巽爲長女坤爲老母風行地則坤母受制

於巽女更兼形勢硬直無情故有欺姑之婦乾爲天爲父爲金乾金受尅于離火更有張牙不遜之勢必生不孝之兒種種不法大關風化全在立穴定向之際斟酌得宜苟能挽逆爲順實大有功於名教也此節總言相尅之利害腹脹吐血欺姑罵父此皆形氣相尅之應驗也讀者當細心參考務宜兼形兼氣方得九星八卦之精微

兩局相關必生孿子孤龍單結定有獨夫

兩局指承氣收水而言孤單指地氣形勢而言此節

專言龍水濶狹厚薄之應

坎宮高塞而耳聾離位傷殘而目瞎兌缺陷而唇亡齒寒艮破碎而筋枯臂折山地被風吹還生風疾雷風因金死定被刀兵

坎耳離目艮手震足總兼形兼氣而占驗休咎者也秘旨所言卦理是元空變易之卦理非南離北坎之定位也讀者切勿誤會如坎方高塞定主耳聾離位傷殘必多目疾兌取象于口缺陷自有唇亡齒缺之憂艮取象于身破碎自有臂折筋枯之患艮坤爲土

被巽風吹刼風疾難逃震巽爲木遭乾兌金傷刀兵必至種種均由縱橫顚倒相冲相射形氣之所應也

家有少亡只爲冲殘子息卦庭無耆老都應攻破父母爻

乾坤爲父母六卦爲子息此是八卦之父母也諸卦自爲母三爻爲子息此一卦之父母也如元空之父母子息則又以變易干支者爲父母以何位何宮倒地翻天者爲子息所云冲殘攻破總言生氣受尅之故耳

漏道在坎宮遺精泄血破軍居巽位顛病風狂開口筆插於離方必落孫山之外離鄉砂飛於艮位定亡驛路之中

漏道者是水分兩處非分浜分枝之謂也坎爲水爲腎主精血是方適逢傾瀉奔流便是腎氣不固自有遺精泄血之病其餘顛病風狂總是因形察氣之法耳

金水多情貪花戀酒木金相反背義亡恩震庚會局文臣而兼武將之權丁丙朝乾貴客而有耆耄之壽天市

合丙坤富堪敵國離壬會子癸喜產多男
金水多情木金相反是言元空之金木非東木西金之方位震爲天祿庚號武爵元空會合文武全才丁爲南極丙爲太微果有眞情朝拱自能貴而多壽艮爲天市本主財祿又得火土相扶定然富敵王公離壬子癸會成旣濟主有多男之慶然必體得其體用得其用方有是徵若拘拘于呆法者百無一得也
○四生有合八文旺四旺無冲田宅饒丑未換局而出僧尼震巽失宮而生賊丐南離北坎位極中天長庚啟明

交戰四國健而動動非佳兆止而靜靜閉不宜富並陶朱斷是堆金積玉貴比王謝總緣喬木扶疎辛比庚而辛更精神甲附乙而甲益靈秀癸爲元龍壬號紫氣昌盛各有攸司丙臨丁近傷官入財因之耗乏

有合無冲者卽彼此生生無冲射反伏之謂也東木西金南離北坎者是言四生四旺各得其宜之妙也健動止靜謂干支卦爻淸純者爲靜爲止錯雜者爲動爲健如論山水則又以形動者爲動形靜者爲靜所謂行乎其所不得不行止乎其所不得不止氣勢

兩兼方是眞動眞止王謝陶朱總言砂水峯巒體用兼得之妙也甲乙庚辛不拘來山去水方位干支須歸一路如丙雜己丁入未不知挨星妙用而又出卦自有偏枯耗散之病矣

見祿存瘟癀必發遇文曲蕩子無歸值廉貞而火災頻見逢破軍身體多虧四墓非吉陽土陰土貴剪裁四生非凶卦內卦外由我取要知禍福因由妙在天心橐籥

此節專辯諸星之應驗諸星應驗各殊必須測氣象辯九星察形勢看遠近再推五行生尅制化之理吉

凶消長之機而言得言失言禍言福自能百不失一陰土陽土者卽借庫自庫之謂也卦內卦外者卽得失之謂也讀者須從天心顛倒之間裁取得失自無不當耳

青囊萬卷總不出體用二字體有山水之分用有得失之辯體有移步之不同用有隨時之更變用必依形而顯休咎體必因氣而見吉凶要之體無用不靈用無體不驗必須形氣兩兼默參九星生尅之理以推休咎方得體用之精微此秘旨言體言用條分縷

晰闡發精詳無微不入非深得青囊之奧河洛之理者焉能道其隻字耶

道光癸未四月既望三泉山右無心道人註於廣陵巴氏樸園水木清華之閣

門人柯學熙較訂

編號	書名	作者	說明
占筮類			
1	擲地金聲搜精秘訣	心一堂編	沈氏研易樓藏稀見易占秘鈔本
2	卜易拆字秘傳百日通	心一堂編	
3	易占陽宅六十四卦秘斷	心一堂編	火珠林占陽宅風水秘鈔本
星命類			
4	斗數宣微	【民國】王裁珊	民初最重要斗數著述之一；未刪改本
5	斗數觀測錄	【民國】王裁珊	失傳民初斗數重要著作
6	《地星會源》《斗數綱要》合刊	心一堂編	失傳的第三種飛星斗數
7	《斗數秘鈔》《紫微斗數之捷徑》合刊	心一堂編	珍稀「紫微斗數」舊鈔秘本
8	斗數演例	心一堂編	
9	紫微斗數全書（清初刻原本）	題【宋】陳希夷	斗數全書本來面目；有別於錯誤極多的坊本
10-12	鐵板神數（清刻足本）——附秘鈔密碼表	題【宋】邵雍	無錯漏原版秘鈔密碼表　首次公開！
13-15	蠢子數纏度	題【宋】邵雍	蠢子數連密碼表打破數百年秘傳　首次公開！
16-19	皇極數	題【宋】邵雍	清鈔孤本附起例及完整密碼表研究神數必讀！
20-21	邵夫子先天神數	題【宋】邵雍	附手鈔密碼表研究神數必讀！
22	八刻分經定數（密碼表）	題【宋】邵雍	皇極數另一版本；附手鈔密碼表
23	新命理探原	【民國】袁樹珊	子平命理必讀教科書！
24-25	袁氏命譜	【民國】袁樹珊	
26	韋氏命學講義	【民國】韋千里	民初二大命理家南袁北韋
27	千里命稿	【民國】韋千里	
28	精選命理約言	【民國】韋千里	北韋之命理經典
29	滴天髓闡微——附李雨田命理初學捷徑	【民國】袁樹珊、李雨田	命理經典未刪改足本
30	段氏白話命學綱要	【民國】段方	民初命理經典最淺白易懂
31	命理用神精華	【民國】王心田	學命理者之寶鏡

32	命學探驪集	【民國】張巢雲	發前人所未發 稀見民初子平命理著作
33	澹園命談	【民國】高澹園	
34	算命一讀通——鴻福齊天	【民國】不空居士、覺先居士合纂	
35	子平玄理	【民國】施惕君	
36	星命風水秘傳百日通	心一堂編	
37	命理大四字金前定	題【晉】鬼谷子王詡	源自元代算命術
38	命理斷語義理源深	心一堂編	稀見清代批命斷語及活套
39-40	文武星案	【明】陸位	失傳四百年《張果星宗》姊妹篇 千多星盤命例 研究命學必備
相術類			
41	新相人學講義	【民國】楊叔和	失傳民初白話文相術書
42	手相學淺說	【民國】黃龍	民初中西結合手相學經典
43	大清相法	心一堂編	重現失傳經典相書
44	相法易知	心一堂編	
45	相法秘傳百日通	心一堂編	
堪輿類			
46	靈城精義箋	【清】沈竹礽	沈氏玄空遺珍 玄空風水必讀
47	地理辨正抉要	【清】沈竹礽	
48	《玄空古義四種通釋》《地理疑義答問》合刊	沈瓞民	
49	《沈氏玄空吹虀室雜存》《玄空捷訣》合刊	【民國】申聽禪	
50	漢鏡齋堪輿小識	【民國】查國珍、沈瓞民	失傳已久的無常派玄空經典
51	堪輿一覽	【清】孫竹田	
52	章仲山挨星秘訣（修定版）	【清】章仲山	章仲山無常派玄空珍秘 門內秘本首次公開 沈竹礽等大師尋覓一生末得之珍本！
53	臨穴指南	【清】章仲山	
54	章仲山宅案附無常派玄空秘要	心一堂編	
55	地理辨正補	【清】朱小鶴	玄空六派蘇州派代表作
56	陽宅覺元氏新書	【清】元祝垚	簡易・有效・神驗之玄空陽宅法
57	地學鐵骨秘 附 吳師青藏命理大易數	【民國】吳師青	釋玄空廣東派地學之秘
58-61	四秘全書十二種（清刻原本）	【清】尹一勺	玄空湘楚派經典本來面目 有別於錯誤極多的坊本

91	地學形勢摘要	心一堂編	形家秘鈔珍本
92	《平洋地理入門》《巒頭圖解》合刊	【清】盧崇台	平洋水法、形家秘本
93	《鑒水極玄經》《秘授水法》合刊	【唐】司馬頭陀、【清】鮑湘襟	千古之秘，不可妄傳匪人
94	平洋地理闡秘	心一堂編	雲間三元平洋形法秘鈔珍本
95	地經圖說	【清】余九皋	形勢理氣、精繪圖文
96	司馬頭陀地鉗	【唐】司馬頭陀	流傳極稀《地鉗》
97	欽天監地理醒世切要辨論	【清】欽天監	公開清代皇室御用風水真本
三式類			
98－99	大六壬尋源二種	【清】張純照	六壬入門、占課指南
100	六壬教科六壬鑰	【民國】蔣問天	由淺入深，首尾悉備
101	壬課總訣	心一堂編	過去術家不外傳的珍稀六壬術秘鈔本
102	六壬秘斷	心一堂編	
103	大六壬類闡	心一堂編	
104	六壬秘笈——韋千里占卜講義	【民國】韋千里	六壬入門必備
105	壬學述古	【民國】曹仁麟	依法占之，「無不神驗」
106	奇門揭要	心一堂編	集「法奇門」、「術奇門」精要
107	奇門行軍要略	【清】劉文瀾	條理清晰、簡明易用
108	奇門大宗直旨	劉毗	天下孤本　首次公開 虛白盧藏本《秘藏遁甲天機》
109	奇門三奇干支神應	馮繼明	
110	奇門仙機	題【漢】張子房	奇門不傳之秘　應驗如神
111	奇門心法秘纂	題【漢】韓信（淮陰侯）	
112	奇門廬中闡秘	題【三國】諸葛武侯註	
選擇類			
113－114	儀度六壬選日要訣	【清】張九儀	清初三合風水名家張九儀擇日秘傳
115	天元選擇辨正	【清】一園主人	釋蔣大鴻天元選擇法
其他類			
116	述卜筮星相學	【民國】袁樹珊	民初二大命理家南袁北韋
117－120	中國歷代卜人傳	【民國】袁樹珊	南袁之術數經典